The Five Books of Moses

성경과 영어를 동시에

모세오경 영어로 통째 외우기

The Five Books of Moses

성경과 영어를 동시에

모세오경 영어로 통째 외우기

| 김다윗 · 김다니엘 지음 |

살림

그분의 위대한 입김을 온 인류에게 주신
하나님께 영광을 돌려 드린다.

그리고 광야의 위대한 거장이었고
나의 거울이 되어 준 모세께 깊은 감사를 드리며

그간 내가 만났던
하나님의 말씀을 읽고 외우고 읊조린,
내게 너무나도 과분한
거장들의 학교 제자들에게 이 책을 드린다.

| 이 책을 열며 |

축복은 길을 따라 흐른다

축복이란 것은 누군가가 우리 인생을 굽어보면서 복을 받을 만한 이에게 복을 빌어 주는 데서 생긴 말이다. 이 축복이란 말은 복을 빌어 주는 이와 그 복을 받을 만한 사람이 있음을 알려 준다. 복에도 길이 있다.

사람은 누구나 복의 주인이 되기를 원한다. 나는 그 해답을 성경에서 찾았다.

> "이 율법책을 네 입에서 떠나지 말게 하며 주야로 그것을 묵상하여 그 안에 기록된 대로 다 지켜 행하라. 그리하면 네 길이 평탄하게 될 것이며 네가 형통하리라(수 1:8)."

> "네가 네 하나님 여호와의 말씀을 삼가 듣고 내가 오늘 네게 명령하는 그의 모든 명령을 지켜 행하면 네 하나님 여호와께서 너를 세계 모든 민족 위에 뛰어나게 하실 것이라. 네가 네 하나님 여호와의 말씀을 청종하면 이 모든 복이 네게 임하며 네게 이르리니(신 28:1-2)."

어디로 가든지 그 길이 평탄하며 무엇을 하든지 그 일이 형통하게 되며 세계 모든 민족 위에서 뛰어나며 세상의 모든 복을 받게 되는 비결은 하나님의 말씀을 읽고 외우고 주야로 읊조리며 그 말씀에 순종하는 것이라고 성경은 분명히 말한다. 그럼에도 사람들이 이토록 놀라운 복의 수혜자가 되지 못하는 이유는 이 위대한 약속을 모르거나 알아도 믿지 못하기 때문이다.

사람들은 왜 내가 아이들을 학교에 보내지 않는가를 자주 물어 온다. 그것은 내가 학교에 가는 것보다 위의 하나님의 말씀을 알고 지키는 것이 더 시급하다고 믿었기 때문이다.

일에는 순서가 있다.

나는 학교를 가지 않은 나의 아이들이 하나님의 말씀을 외우고 읊조리며 최선을 다해 그것을 지키도록 도왔다. 그러자 아이들은 학교로 돌아갈 이유를 찾지 못했다. 그들은 스스로 걸어가야 할 길을 찾았고 열정적으로 살아야 할 인생의 가치를 발견했다.

큰아이 필립은 말씀을 열심히 외우다 프로 골퍼가 되는 길을 찾았고 마침내 신약 성경을 다 외운 둘째 다니엘은 하나님을 찬양하며 세상을 변화시킬 아름다운 목소리가 자신에게 있음을 알게 되었다.

나머지 아이들도 열심히 하나님의 말씀을 읽고 외우며 몸이 자라고 지혜가 더해지고 있다. 만약 그들에게 학교가 필요하게 된다 하더라도 아이들은 그것을 그저 삶을 위해 사용할 뿐 결코 하나님의 말씀보다 앞자리에 두지 않을 것이다.

내 생각엔 학교는 백화점이나 시장처럼 필요에 따라 이용하는 것일 뿐 거기에 온 삶의 무게를 두는 것은 어리석은 일이라고 여겨진다.

나는 나의 여덟 아이들에게 날마다 말씀을 읽고 외우도록 하며 그것을 늘 읊조리고 지키도록 가르친다. 말씀과 함께하는 아이들은 날이 갈수록

보석처럼 빛나며, 나는 그들의 아버지로 산다는 것이 최고의 행복이라는 것을 날마다 느낀다.

모세오경은 축복으로 이끄는 놀라운 안내서이다. 우리 인생에서 무엇이 축복이며 어떤 것이 저주인가를 가르치는 율법서이다. 그 속에는 말씀대로 살지 못해 망한 사람들의 이야기가 있고 그 말씀대로 살아 놀라운 축복을 받은 기적의 사람들의 역사가 기록되어 있다.

이 책을 세상에 내놓은 것만으로도 내게는 한없는 영광이며, 나는 이미 그 축복을 받고 있다. 나의 가족은 이 말씀으로 인해 이 땅에서 놀라운 축복의 주인이 되어 가고 있다.

우리 하나님 여호와께 모든 영광을 올려 드린다.

당신이 이 놀라운 축복 속으로 들어오며 그것이 당신의 후세에 이어지도록 나는 기도할 것이다.

이 땅에 임할 주의 나라를 꿈꾸며,
하나님의 가족
김다윗, 김다리아,
김필립, 김다니엘, 김아나스타시아, 김다윗 주니어,
김마리아 코이노니아, 김에클레시아, 김아도니아,
그리고 김라라 예슈아 드림

Contents

PART 1

모세오경에서 시작되는 놀라운 비밀

시작을 모르면 끝을 알 수 없다

모세오경을 토라(Torah)라고 한다. 그것은 모세가 기록했던 구약 성경의 첫 번째 다섯 권인 창세기, 출애굽기, 레위기, 민수기 그리고 신명기의 각 명칭의 히브리어 첫 자를 따서 만들어진 단어로, '율법'이라는 의미이다.

이스라엘 백성은 하나님의 선택을 받은 백성이다(신 7:6). 그 선택받은 백성은 하나님의 특별한 은총을 입게 되는데 그것은 다름 아닌 율법을 수여받은 백성이 된 것이다(롬 3:1-2). 율법은 그들을 통제하고 그들을 종으로 삼으려는 것이 아니라 그것을 지킴으로 복을 받게 되는, 선택된 백성들의 특권을 보장하는 보물이다.

세상은 하나님으로부터 시작되었다. 하나님이 세상의 만물을 창조하셨고 그 가운데 사람을 만드셨다. 하나님은 세상을 사랑하셨다(요 3:16). 그리고 그 세상을 영원토록 복 주시기 위해 하나님의 법을 이 세상 가운데 두셨다.

이 사실이 세상의 시작이며 끝이다.

율법은 축복을 위한 것이다

신랑이 신부의 손가락에 끼워 주는 반지는 종의 발에 채우는 족쇄와는 다른 것이다. 그것은 그에게 특별한 신분을 입혀 주는 것이며 신랑과 함께 모든 것을 누릴 수 있는 특권이 있음을 의미한다. 그런 의미에서 율법은 발목에 채워진 족쇄가 아니라 네 번째 손가락에 끼워진 결혼반지이다. 그 가락지를 아무에게나 끼워 주지 않는 것처럼 율법은 아무에게나 주어진 것이 아니다. 종과 주인이 나눌 수 있는 것은 한정되어 있지만 신부는 신랑과 함께 모든 것을 나눈다. 신부가 신랑을 자신의 평생 남편으로 여기고 성스런 의무를 다한다면 말이다. 율법은 신부가 신랑을 위해 다해야 하는 의무이다.

율법은 그분의 말씀이다

율법은 단지 석판에 새겨진 글이 아니다. 단지 먼지를 툴툴 걷어 내고 발견한 오래된 글이 아니다. 그것은 함무라비 법전의 글귀와 다르고 코란의 내용과도 구별된다. 율법은 하나님의 말씀이고 영원히 변치 않는 살아 계신 하나님의 입김이다. 그 말씀은 단지 위대한 명문(名文)이나 감동적인 글귀라는 말이 아니라 실제로 그 속에 시대를 초월한 놀라운 능력이 있다는 것이다.

말씀과 하나님

사람들은 하나님의 존재를 인정하고 믿지만 실제로 그분에 대해 그리 많은 것을 알지 못한다. 심지어 자신이 크리스천이라고 말하며 매주 교회에서 그분을 예배하지만 실제적으로 하나님에 대해서 잘 알지 못하는 이들이 많다.

그들은 하나님의 말씀을 신뢰하면서도 그분이 말씀이라는 사실을 구체적으로 잘 알지 못한다.

하나님은 말씀이시다

하나님이 어떤 분이신지 피조물인 인간이 다 알 수는 없지만, 성경을 통해 우리는 최소한 그분이 어떠한 실체인지에 대해서 지식을 가질 수 있다. 하나님이 어떤 분이신가에 대한 가장 강력한 대답은 '하나님은 말씀이시다'라는 것이다. 그분은 '말씀'이시다.

창세기의 첫 문장은 "태초에 하나님이 천지를 창조하시니라."인데, 그 시점을 나타내는 '태초에'라는 단어가 다시 사용된 요한복음의 첫째 문장은 "태초에 말씀이 계시니라."이다. 처음에 세상을 창조하신 하나님은 태초에 말씀으로 계셨다는 것이다.

요한복음의 이 본문을 조금 더 살펴보면 "태초에 말씀이 계시니라. 이 말씀이 하나님과 함께 계셨으니 이 말씀은 곧 하나님이시니라."라고 기록되어 있다. 이때 '계시니라'와 '계셨으니'로 번역된 헬라어 단어 '에이미(eimi)'는 1인칭 존재동사인데, "이 말씀이 곧 하나님이시니라."에서 보어를 취하는 불완전 동사 '~이시다'에 해당하는 단어가 바로 이것이다. 그 말은 곧 말씀이 하나님이며 하나님이 말씀이시라는 것을 말해주는 것이다. 물론 요한복음에서 그 말씀은 그리스도이신 예수를 나타낸다.

그리고 요한의 복음서는 다음과 같이 이어진다.

"그(말씀)가 태초에 하나님과 함께 계셨고 만물이 그로 말미암아 지은바 되었으니, 지은 것이 하나도 그(말씀)가 없이는 된 것이 없느니라."

세상은 말씀으로 창조되었다

세상을 창조한 에너지는 말씀이었다. 그것은 단지 하나님의 에너지가 아니었다. 바로 그 에너지가 하나님이셨다. 하나님은 말씀이라는 자신의 능력을 사용하신 것이 아니라 말씀이 곧 하나님이며 하나님은 곧 말씀이라는 말이다.

빛이 있으라 하시매

"빛이 있으라!" 하시자 빛이 생겨났다. 말씀이신 하나님이 말씀하시자 그 말씀대로 만물이 생겨났다. 세상 모든 만물은 그 말씀으로 생겨나게 되었다.

하나님이 말씀으로 세상을 창조하신 이유는 바로 그분이 말씀이신 하나님이시기 때문이었다. 말씀이신 그분이 말씀으로 세상을 창조하신 것이다.

그 말씀이 이루어지다

그분의 말씀으로 창조된 이 세상은 여전히 그 말씀의 능력으로 운행되고 있다. 창조의 첫날, "빛이 있으라!" 하신 말씀으로 생겨난 그 빛은 아직도 온 세상을 비추고 있다. 그날 하나님의 입에서 나온 그 말씀은 이 땅에 떨어져 없어지지 않았으며 그 빛도 이 땅에서 없어지지 않는다(히 1:3).

마찬가지로 그분의 말씀으로 창조되었던 모든 만물도 그것이 창조되었던 그날 이후 그 말씀의 능력으로 지금껏 존재해 오고 있다. 산이며 바다며 들녘의 풀들도 아름다움을 유지한 채 그들의 생명을 간직하고 있다. 그것은 바로 하나님의 말씀은 살아 있고 운동력이 있기 때문이다(히 4:12).

하나님의 말씀은 사람들의 말과는 달라서 분명히 이루어진다. 세상의 만물이 그의 말씀을 순종해 생겨났듯이 하나님의 입에서 나온 말씀은 다 그대로 이루어진다. 구약에 예언된 하나님의 말씀은 신약시대에 다 이루어졌고 지금 이 시대에도 이루어지고 있다. 그 말씀이 단지 그분이 하신 말씀이라서가 아니라 그분이 말씀이시기 때문이다.

그러기에 우리는 신약 성경에서 '그분의 말씀이 응하였다'는 글귀를 자주 만난다(요 17:12, 18:9, 18:32, 19:24, 19:28, 19:36, 행 1:16, 13:27, 13:29, 고전 15:54, 약 2:23, 계 17:17).

단 한 번 빛을 잃었던 그 빛

말씀으로 창조되었던 태양은 단 한 번 그 빛을 잃은 적이 있었다. 말씀이신 하나님의 아들 예수 그리스도가 십자가에서 운명하셨을 때 정오부터 세 시간 동안 태양은 빛을 잃어 온 세상이 깜깜하게 되었다(눅 23:44).

이 대목에서 내가 강력히 주장하고자 하는 사실은 하나님이자 하나님의 아들이신 그리스도가 운명하시는 순간 영계에서는 커다란 충격이 있었다는 것이다. 그것은 하나님의 세계에 혼란이 생겼다는 말이 아니라 실제로 하나님의 아들이 죽었고 그로 인해 영계의 에너지엔 무시하지 못할 변화가 있었다는 것이다. 그것은 운명적인 사실이었다. 하나님에게도 인간을 위해 자신을 희생하는 일이 보통의 일이 아니었다는 것이다. 그것은 장난이 아니었다.

언어는 창조되지 않았다

언어는 문자와는 다르다. 문자는 언어를 음성 체계에 따라 기호화하여 사람들이 만든 것이지만 언어는 누군가에 의해 창조된 것이 아니다. 그것은 인간을 창조하신 하나님이 인간에게 주신 것이다. 생명을 주셨듯이 그것은 하나님이 인간에게만 주신 하나님의 선물이다. 생명은 창조의 날에 창조한 것이 아니다. 하나님은 흙으로 사람의 육체를 만드시고 그 속에 자신의 생명을 불어 넣어 주셨던 것이다. 언어도 마찬가지로, 하나님은 사람들에게 생명을 주심과 동시에 말씀이신 그분과의 소통을 위해 당신 자신을 인간들에게 주신 것이다.

최초의 언어는 단 하나였지만 바벨탑 사건으로 인해 여러 언어로 나뉘게 되었는데, 그것 역시 인간이 그 언어들을 발명한 것이 아니라 하나님이 동시에 여러 언어를 세상에 내리신 것이다.

다시 한 번 말하지만 하나님은 말씀이시다

하나님은 말씀이시고 그 말씀은 살아서 이 땅을 통치하고 계신다. 그렇다면 우리는 말씀을 제대로 받아들이고 말씀에 순종하는 삶을 살아야 한다. 하나님을 섬긴다는 것은 바로 말씀대로 살아간다는 의미이며 하나님의 말씀을 사랑한다는 것은 하나님을 사랑한다는 것이다.

모세오경은 하나님의 법이다

모세를 통해 내리신 모세오경은 하나님의 법이며 그 법을 수여받아 살았던 유대인들의 기록이다. 그들은 그 법을 지켰을 때에 복을 받았고 하나님의 법을 어겼을 때는 저주를 받았다.

그 법을 읽고 외우고 읊조리고 그렇게 살아라

하나님의 법이란 말은 단지 그대로 살면 된다는 의미가 아니다. 그것을 읽어야 하며 외워야 하고, 외운 말씀을 주야로 읊조려야 하고 그대로 살아야 한다.

모세를 이어 이스라엘의 지도자가 되었던 여호수아는 60만 명이나 되었던 이스라엘 백성과 함께 광야에 있었다. 그들은 하나님이 주시기로 했던 가나안으로 가기 위해 요단강을 건너는 일을 남겨 두고 있었다.

> "이 율법책을 네 입에서 떠나지 말게 하며 주야로 그것을 묵상하여 그 안에 기록된 대로 다 지켜 행하라. 그리하면 네 길이 평탄하게 될 것이며 네가 형통하리라(수 1:8)."

민족의 운명은 그 말씀에 달려 있었다

그들이 하나님의 복을 받기 위해선 하나님의 말씀을 따라야 했다. 하나님의 명령을 받았던 여호수아는 그 명령을 백성들에게 전했고 백성들은 그 말씀을 그대로 이행했다. 그리고 그들은 사흘 후에 요단강을 건넜다.

언약궤를 든 제사장들이 요단강에 이르렀을 때에

제사장들이 하나님의 말씀을 그대로 상징하는, 십계명이 씌어진 돌판이 보관된 언약궤를 메고서 요단강 물에 발을 담갔을 때 요단강은 그들 앞에서 갈라졌고 그들은 언약궤를 앞세우고 강을 건넜다.

하나님의 말씀이 강을 열었고 말씀을 순종했던 사람들이 강을 건넜다.

너는 부싯돌로 칼을 만들어 할례를 행하라

할례는 남성 성기의 포피를 잘라내는 것으로, 하나님과 그 백성 사이의 언약의 표다. 할례로 인해 이스라엘은 세상과 구별되고 하나님의 백성으로 성결하게 살 것을 다짐하는 것이다. 그것은 그들의 조상 아브라함에게 하나님이 명령하신 것이었다. 아브라함이 99세가 되었던 어느 날, 하나님은 그에게 큰 복을 주시기 직전 그에게 할례를 행할 것을 명령하셨다. 아브라함은 그날에 그의 집에 있는 모든 남자들에게 할례를 행했다(창 17장).

요단강을 건넜던 이스라엘 백성들은 모두 광야에서 태어난 2세대 사람들이었다. 이집트에서 나온 그들의 조상은 다 할례를 받았지만 그들은 전부 광야에서 죽었다. 광야에서 태어난 그들은 모두가 아직 할례를 받지 않았으므로 하나님은 여호수아에게 명하셔서 다 할례를 받게 한 것이다.

약속의 땅 가나안을 주시기 위해 하나님은 그의 백성들과의 언약을 되새기신 것이다. 그날로 시작해서 그들은 모두 할례를 받았다. 그들은 그렇게 가나안 땅에서 하나님의 말씀에 순종했다.

여리고 앞에서

하나님이 이스라엘 백성에게 주시기로 한 가나안의 첫 성은 여리고였다. 그 성은 굳게 닫혔고 이스라엘 백성은 성 밖에 있었다.

> "보라, 내가 여리고와 그 왕과 군사들을 네 손에 넘겨 주었으니 너희 모든 군사는 그 성을 둘러 성 주위를 매일 한 번씩 돌되 엿새 동안을 그리하라. 제사장 일곱은 일곱 양각 나팔을 잡고 언약궤 앞에서 나아갈 것이요 일곱째 날에는 그 성을 일곱 번 돌며 그 제사장들은 나팔을 불 것이며 제사장들이 양각 나팔을 길게 불어 그 나팔 소리가 너희에게 들릴 때에는 백성은 다 큰 소리로 외쳐 부를 것이라. 그리하면 그 성벽이 무너져 내리리니 백성은 각기 앞으로 올라갈지니라(수 6:2-5)."

성이 무너져 내리다

이스라엘 백성은 여호수아가 전해 준 하나님의 명령을 그대로 준행했다. 그들은 엿새 동안 매일 아침 일찍 일어나 성을 한 바퀴씩 돌았다. 그리고 마지막 일곱째 날에는 명령대로 그 성을 일곱 바퀴 돌았다. 그리고 제사장들이 나팔을 길게 부는 순간 그들은 일제히 소리를 질렀다. 그러자 성은 한순간에 무너져 내렸다.

성을 무너뜨리는 비결

당신이 여리고성이 무너진 것을 역사적 사실로 받아들인다면 당신은 그 성이 무너지게 된 과학적 근거에 관심을 가져야 한다. 흔히 사람들은 하나님이 하신 일을 기적으로만 생각하고 그러한 일은 현재 우리가 살아가고 있는 세상에선 더 이상 일어날 수 없는 구석기 시대의 유물과 같은 것이라고 생각한다. 그래서 그들은 하나님이 행하신 기적을 놀라워는 하되 자신이 살아가는 세상에서 다시 이루어질 것이라고는 여기지 않는다.

하지만 그것은 어리석은 판단이다. 그분은 어제나 오늘이나 영원토록 변함이 없으신 분이다(히 13:8).

기적의 법칙

이스라엘 백성 앞에서 힘없이 무너진 여리고 성의 배경에는 법칙이 있었다. 그것은 전적으로 하나님의 말씀에 순종했다는 것이다. 그들은 조금의 어김도 없이 그 명령을 따랐다. 그들은 명령에 따라 성을 돌았고, 제사장의 나팔 소리에 맞추어 크게 소리를 외쳤다. 그들은 매일 한 번씩 성 주위를 돌고 마지막 날에 일곱 번을 돌아 역사를 준비했고, 마지막 순간엔 성을 향해 크게 소리를 질렀다. 그것이 성을 무너뜨리는 비결이었다.

그들이 외친 소리

그들은 과연 그날 그 순간 여리고성을 향해 뭐라고 소리를 외쳤을까.

내가 믿건대 분명 그것은 "무너져라!"였을 것이다. 60만 명의 남자는 그 성을 향해 "무너져라!" 하고 크게 외쳤다. 그러자 그 성은 그 말대로 무너졌다.

류시화의 『지구별 여행자』에 이런 이야기가 나온다. 인도의 어느 산속 마을 사람들은 자신들의 힘으로는 도무지 쓰러뜨릴 수 없는 나무를 넘어뜨릴 때 온 마을 사람들이 모여 그 나무 앞에서 "쓰러져라!" 하고 크게 소리를 지른다고 한다. 그들은 나무가 쓰러질 때까지 반복해서 고함을 치는데, 나무는 마침내 쓰러진다고 한다.

소리, 소리들

세상의 모든 말의 소리에는 에너지가 있다. 물론 그 소리에 따라서 에너지의 차이도 있다. 누군가의 고함소리에 위축이 되고 누군가의 격려가 힘이 되는 것은 그 이유에서다. 그런데 그 소리가 하나님의 말씀이거나 하나님을 의지한 사람들의 소리라면 그 능력은 대단한 것이다.

소리를 사용하셨던 예수

예수님은 죽은 지 나흘이나 지났던 나사로의 무덤 앞에서 "나사로야 나오너라." 하고 소리를 치셨고 죽었던 나사로는 살아서 걸어 나왔다. 그리고 죽었던 야이로의 열두 살 된 딸을 향하여 "소녀야! 일어나라." 하고 외치셨을 때 그 소녀는 눈을 뜨고 일어났다.

물론 예수는 전능하신 하나님이셨지만 실제로 그 생명들을 되찾아 온 생명의 에너지는 그 소리에 있었다. 그분이 다른 방법이 아닌 소리를 이용하신 것은 소리가 능력을 표현하는 방법이기 때문이다.

그분의 모든 능력에는 항상 곁에 그분의 말씀(소리)이 있었다.

예수의 이름을 사용했던 사람들

베드로와 요한은 어느 날 성전으로 기도하러 가다가 성전 문 앞에 앉아 구걸하고 있던 한 지체 장애인을 만났다. 베드로와 요한은 그를 향하여 외쳤다.

"예수 그리스도의 이름으로 말하노니 일어나 걸어라."

그러자 40년 동안 한 번도 걸어 보지 못했던 그 남자는 일어나 뛰었다.

남자를 일으켜 세운 에너지는 바로 '예수의 이름'이라는 소리였다.

예수의 이름만 사용하는 사람들

어느 날 예수의 제자였던 요한이 스승께 볼멘소리로 말했다.

"주님! 우리와 함께하지 않는 어떤 사람이 주님의 이름으로 귀신을 쫓아내더이다. 그래서 제가 그렇게 하지 말라고 말했습니다(눅 9:49)."

요한의 이야기를 따져 보면 요한이 보았던 그 사람은 예수의 이름을 사용하여 실제로 귀신을 쫓아낸 것이 분명하다. 게다가 요한이 그가 더 이상 그러한 일을 하지 말 것을 요청했다고 하는 것을 보면 그것은 더욱 분명하다. 그렇다면 예수의 이름을 사용하여 귀신을 물리쳤던 그 사람은 어떻게 그러한 일을 할 수 있었을까.

요한이 본 그 사람은 아마 예수께서 이적을 베푸시고 귀신을 다스리는 것을 수차례 목격했든지 아니면 제자들이 예수의 이름으로 귀신을 쫓아내는 것을 보았을 것이다. 그래서 그는 귀신 들려 고생하는 한 지인을 만나 예수의 이름을 사용했던 것이고 결과적으로 성공을 거두었다. 그리고 그는 그 일을 계속하려 했을 것이다.

당연한 말이지만 그가 예수의 이름이 아닌 다른 이름을 사용했더라면 그런 일은 결코 일어나지 않았을 것이다.

나는 과거 어느 날 새벽 친구로부터 한 통의 전화를 받았다. 자신의 딸이 갑작스럽게 귀신이 들린 것 같다는 급한 내용의 전화였다. 나는 전에 한 번도 귀신을 쫓아내 본 경험이 없던 터라 몹시 놀라고 당황했다. 하지만 어떻게 해서라도 그 친구를 도와야 했다.

어릴 때 교회 안에서 자란 나는 부흥회 때 강사들이 귀신을 쫓아내는 것을 자주 보곤 했다. 그래서 친구의 집으로 달려가 예수의 이름을 붙잡고 귀신과 싸웠다. 그것은 기도가 아니었다. 단지 예수의 이름으로 귀신을 상대하여 나가라고 소리 친 것이다. 귀신은 당장 나갔고 다시는 그 아이를 괴롭히지 않았다. 그것이 나의 경험이 되어 나는 그 후로도 자주 귀신을 쫓아내었다.

귀신이 두려워한 것은 내가 아니었고 예수의 이름이었던 것이다. 더욱이 귀신이 떠날 수밖에 없게 만든 것은 나의 경건이나 영적인 힘이 아니라 예수 이름의 능력이었던 것이다.

지금도 많은 사람들은 예수의 이름을 사용하여 병을 고치고 귀신을 쫓아내고 기적을 일으킨다. 그들은 심지어 예수를 사랑하지도 않으면서도 단지 그분의 이름만을 이용하여 놀라운 일을 행한다. 흔히 사람들은 병을 고치거나 귀신을 쫓아내는 사람을 보며 그 개인의 경건 능력을 과대평가하곤 한다. 하지만 개인의 경건은 이적을 행하는 것과는 그리 관계가 없다. 물론 예수의 이름을 사용하는 사람들 중에는 경건한 사람이 많은 것이 사실이지만 그렇다고 그 능력이 그들의 경건에서 나오는 것은 아니다.

지금도 이름만 목사인 사람들이 예수의 이름으로 이적을 행하기도 하고 껍데기만 크리스천인 사람이 그분의 이름으로 세상을 혼란케 하기도 한다. 그들은 그 '예수라는 이름'의 능력을 소리로 사용하는 것이다. 그것이 법칙이고 과학이기 때문이다.

이름을 바꾸시는 하나님

하나님은 때때로 그분의 사람들의 이름을 바꾸시기도 하셨다. 아브람은 아브라함으로, 사래는 사라로 바꾸기를 명하셨다(창 17:15). 그 이유는 뭘까?

이름은 그 사람 앞에서 날마다 소리로써 불리는 것이다. 그것은 소리이다. 날마다 불리는 이름은 그 사람의 삶에 영향을 끼친다. 이름은 자신의 것이지만 다른 사람이 그 사람에게 불러 주는 소리이며, 그것을 평생 들음으로 소리의 법칙에 따라 그들의 삶이 변화하게 되는 것이다.

하나님은 아브라함을 열국의 아비로, 사라를 열국의 어미로 복 주시기 위해 그에 맞게 이름을 바꾸어 주신 것이다. 이름이 그들의 삶의 목표에 맞지 않아 하나님은 그들의 이름을 바꾸신 것이다. 그 이유는 사람들이 부르는 이름은 소리의 법칙을 따르기 때문이다. 야곱(속이는 자)을 이스라엘(하나님이 다스리신다)로 바꾸신 것도 다 그 이유에서다. 예수님도 그분의 사람들의 이름을 바꾸셨다. 시몬을 게바로, 사울을 바울로 바꾸신 것도 다 그런 이유인 것이다.

하나님의 생명으로 가득 찬 하나님의 말씀

하나님은 자신의 백성인 이스라엘에게 그분의 말씀을 주셨다. 그 말씀을 받아 그대로 살면 이스라엘은 복을 받고 그 말씀을 버리면 저주를 받게 되는 것이다.

이 율법 책을 네 입에서 떠나지 말게 하며

말씀을 눈으로 보라고 하시지 않고 입으로 읽으라고 명령하셨다. 그것은 귀가 들을 수 있도록 입으로 소리를 내라는 것이며 또한 지속적으로 행하라는 것이다. 그것은 당신이 사는 세상에 하나님의 말씀이 들리도록 하라는 것이다. 그럼으로써 당신의 세상은 축복으로 변화되며 하나님의 뜻이 이루어진다는 말씀이다.

'입에서 떠나지 말게 하며'라는 뜻은 그것을 지속적으로 소리 내어 읽음으로 외우라는 말이다. 그것은 하나님의 말씀을 늘 외우고 있으라는 명령이다.

그것을 주야로 묵상하고

'묵상하다'의 원어 '하가(hagah)'는 '소리를 내어 읊조리다'라는 뜻이다. 묵상은 더 깊이 생각하는 것이 아니라 외운 말씀을 소리 내어 읊조리는 것이다. 읊조리기 위해서는 하나님의 말씀을 외워야 하고, 그 외운 말씀을 주야로 읊조리는 것이 바로 말씀을 주신 하나님의 명령이다.

그럼으로써 우리 삶에 하나님이신 그 말씀이 충만케 되고 그 말씀이 우리를 복으로 이끄시는 것이다.

그 가운데 기록한 대로 다 지켜 행하라

말씀을 날마다 읽는 이유는 그것을 우리의 입술에서 떠나지 않게 하려는 것(암송)이고 그것을 암송하는 이유는 그 말씀대로 살기 위함이다. 하나님께서는 그의 백성에게 복을 주시려는 목적으로 말씀을 날마다 읽고 외우고, 외운 말씀을 주야로 읊조리며 말씀대로 살라고 명령하신 것이다.

하나님의 이 명령의 본질은 단지 말씀대로 살기만 하라는 것이 아니라 말씀을 존중하고 사랑하기 위해 날마다 읽고 외우고 소리 내어 읊조리라는 것이었다.

말씀에 순종하는 사람들

그렇다면 이 명령을 받들어 실행한 1세대인 여호수아 시대 사람들 외에 오늘날에도 그 말씀을 그대로 받아들이고 읽고 외우고 읊조리며 순종하는 사람들이 얼마나 있을까?

오늘날에도 역시 여호수아의 후세들인 유대인들이 그 중심에 있음은 부인하지 못할 사실이다.

세상의 유대인들

오늘 이 세상에 있는 유대인들의 정확한 숫자를 헤아리기엔 어려움이 있지만 대략 1,300만 명 정도가 세계 곳곳에 흩어져 살고 있으며 이스라엘에 약 720만 명, 미국엔 약 530만 명이 살고 있다 한다.

미국 인구의 약 2퍼센트를 차지하는 미국 내 유대인들은 숫자는 많지 않지만 그들의 파워는 대단하다. 그들이 미국에서 차지하는 부는 미국 전체 국민 소득의 15퍼센트(1조 6,500억 달러)에 달한다. 미국 30대 기업 가운데 유대인 기업이 12개이고, 미국 금융가의 주요 인물 25명 가운데 10명이 유대인이며, 하버드 대학 교수 중 30퍼센트에서 50퍼센트가 유대계라고 한다. 그리고 이제껏 노벨상을 받은 유대인의 수는 약 150명(평화상은 제외)인데, 그 숫자는 이제까지의 전체 노벨상 수상자 수의 약 3분의 1이나 된다.

유대인의 삶

유대인의 삶의 가장 큰 특징은 바로 하나님 말씀 중심의 삶이다. 그들은 어릴 때부터 토라(모세오경)를 읽고 외우고 읊조리며 그것에 순종하는 삶을 훈련한다.

토라의 마지막 책인 신명기의 말씀을 잠시 살펴보자.

> "너희는 나의 이 말을 너희의 마음과 뜻에 두고…… 너희의 자녀에게 가르치며 집에 앉아 있을 때에든지, 길을 갈 때에든지, 누워 있을 때에든지, 일어날 때에든지 이 말씀을 강론하고, 또 네 집 문설주와 바깥문에 기록하라. 그리하면 여호와께서 너희 조상들에게 주리라고 맹세하신 땅에서 너희의 날과 너희의 자녀의 날이 많아서 하늘이 땅을 덮는 날과 같으리라. 너희가 만일 내가 너희에게 명하는 이 모든 명령을 잘 지켜 행하여 너희의 하나님 여호와를 사랑하고 그의 모든 도를 행하여 그에게 의지하면…… 너희의 발바닥으로 밟는 곳은 다 너희의 소유가 되리니…… 너희를 능히 당할 사람이 없으리라(신 11:18-25)."

그들에겐 그 말씀(Bible)은 하나님이다

성경을 가리키는 'Bible'이란 단어의 원뜻은 '그 말씀'이다. 그 말씀의 주체는 당연히 하나님이고 지금도 정통파 유대인들에겐 그 말씀이 바로 하나님이다. 그들이 말씀에 순종하는 것은 그것이 그저 복 받는 비결이기 때문이 아니라 말씀이 바로 하나님이기 때문이다. 그래서 그들은 그 말씀을 사랑하며, 그 말씀을 읽고 외우고 읊조리며 그 말씀에 순종한다.

그러는 그들이 이 땅의 탁월한 복을 받는 민족이 된 것이다.

오늘 우리가 말씀을 읽고 외우고 읊조리며 순종해야 하는 이유

하나님을 사랑한다는 것은 어떤 막연한 개념이 아니다. 그분을 사랑한다는 것은 그분의 말씀을 사랑하는 것이고, 그분의 말씀을 사랑한다는 것은 실제로 그 말씀을 날마다 읽고 외우고 주야로 읊조리며 삶에서 그 말씀을 따라가는 것이다.

사랑한다면 그분의 명령에 순종해야 한다. 단지 축복 받기 위해서가 아니다. 그것은 사랑을 위한 책임 있는 행동이다.

이 책의 공저자인 김다니엘은 17세의 소년이다. 다니엘은 초등학교 2학년을 다니다 학교를 그만둔 후로 선교사인 아빠를 따라 선교지를 다니느라 학교를 제대로 다니지 못했지만 매일 성경을 읽고 외워 이젠 신약 성경을 다 외웠다. 아빠인 나는 다니엘을 보며 그를 따라다니는 하나님의 축복을 늘 눈으로 본다. 하나님을 찬양하는 성악가가 되기 원하는 다니엘이 노래를 부를 때면 그 노래 속에 놀라운 영감이 흐르는 것을 나는 목격한다.

나는 아빠로서 다니엘이 살아갈 인생 가운데 떠나지 않을 하나님의 축복을 확신한다.

PART 2

당신도 모세오경을 영어로 외울 수 있다

이제 당신은 당신의 생애에서 너무나도 중요한 일을 하게 될 것이다. 겸손히 그리고 성실히 이 일을 감당하기를 진심으로 바라는 바이다.

이렇게 시작하라.

당신의 두뇌가 아닌 하나님이 주시는 지혜로 말씀을 암송하라

야고보서에 이런 말씀이 적혀 있다.

> "너희 중에 누구든지 지혜가 부족하거든 모든 사람에게 후히 주시고 꾸짖지 아니하시는 하나님께 구하라. 그리하면 주시리라(약 1:5)."

당신은 자신이 지혜가 부족한 사람이라고 말하지 마라. 대신 지혜를 주시는 하나님께 그 사실을 아뢰라. 그분은 구하는 모든 사람에게 지혜를 주시는 분이다.

진리는 간단하다. 지혜가 부족하면 하나님께 구하면 된다.

야고보서엔 다음 말씀이 이어진다.

> "오직 믿음으로 구하고 조금도 의심하지 말라. 의심하는 자는 마치 바람에 밀려 요동하는 바다 물결 같으니 이런 사람은 무엇이든지 주께 얻기를 생각하지 말라(약 1:6-7)."

당신에게 필요한 지혜를 구하고 그대로 믿으라. 기도한 순간부터 당신에겐 지혜가 임한다. 당신은 그 지혜를 사용하여 하나님의 말씀을 외우면 된다.

앞에서도 말했지만, 이 책의 공저자인 다니엘이 어떻게 신약 성경을 다 외울 수 있었을까? 그는 자신의 두뇌가 아닌 하나님이 주신 지혜로 그 놀라운 일에 순종했다.

하나님을 향해 지혜를 구하면 지혜가 임하고, 지혜를 날마다 구하면 그 지혜가 날마다 더욱 깊어진다.

우리는 이 기도를 '지혜를 구하는 기도'라 부른다.

당신은 이렇게 기도할 수 있다.

> "위대하신 하나님, 저는 지혜가 부족합니다. 누구에게나 후히 주시고 꾸짖지 아니하시는 하나님, 제게 그 놀라운 지혜를 날마다 주십시오. 저는 그 지혜로 주님의 말씀을 읽고 외우고 그것을 주야로 읊조리며 순종하겠습니다. 주님이 지혜를 주심을 믿고 이제부터 주님의 말씀을 외우겠습니다."

날마다 이렇게 기도하고 날마다 그분의 말씀을 읽고 외우라. 그리하면 당신이 얼마나 위대한 사람이며 얼마나 놀라운 사명을 부여받은 사람인지를 알게 될 것이다.

날마다 외우라

날마다 식사를 하듯 당신은 날마다 하나님의 말씀을 외워야 한다. 날마다 하는 일에 생명이 자란다. 날마다 식사하는 이유는 몸이 그것을 필요로 하기 때문이다. 만약 날마다 먹지 않으면 육체는 고통을 당한다. 마찬가지로 당신의 영혼은 날마다 하나님의 말씀을 필요로 한다. 하루라도 하나님의 말씀을 읽고 외우지 않으면 당신의 영혼은 당신도 모르는 사이에 시들어 간다.

하루의 식사시간이 정해져 있듯 당신은 말씀을 읽고 외우는 시간을 정해야 한다. 하루에 세 번 당연히 식사하듯 당신은 매일 규칙적으로 정한 시간에 하나님의 말씀을 찾아야 한다. 그러는 동안 당신은 스스로 자신이 얼마나 위대한 사람이며 얼마나 놀라운 사명을 부여받은 사람인지를 알게 될 것이다.

날마다 반복하라

한 절을 완전히 외우고 그 다음 절로 넘어가라. 1절을 완전히 외우고 난 뒤에 2절을 외우라. 1, 2절을 완전히 외우고 3절을 외우라. 또 그렇게 1, 2, 3절을 완전히 외우고 4절을 외우라. 그러는 동안에 당신 영혼의 곳간엔 하나님의 말씀이 쌓이게 되고 그것은 당신의 영혼에 위대한 자산이 된다.

영혼이 부요케 된 당신은 스스로가 얼마나 위대한 사람이며 얼마나 놀라운 사명을 부여받은 사람인지를 알게 될 것이다.

이렇게 시작하라

창세기 1장 1절이다. 먼저,

In the beginning
태초에

우리말 '태초에'를 읽고 영어 'In the beginning'을 크게 소리 내어 읽는다. 그리고 눈을 감고 'In the beginning'을 소리 내어 외운다.

그 다음,

'태초에 하나님이 창조하시니라.'를 읽고

'In the beginning **God created**'를 소리 내어 읽고 그것을 눈을 감

고 외운다.

그러고 나서

'태초에 하나님이 천지를 창조하시니라.'를 소리 내어 읽고

'In the beginning God created **the heavens and the earth.**'를 소리 내어 크게 읽고 눈을 감고 외운다.

이렇게 해서 당신은 창세기 1장 1절 말씀을 다 외우게 된다. 아마도 이것을 외우는 데는 채 1분도 걸리지 않는다는 것을 알게 될 것이다.

이제부터 당신이 이 놀라운 일을 포기하지만 않는다면 당신은 모세오경 전체를 외울 수 있다.

창세기 1장 1절을 다 외운 당신은 2절을 외울 수 있고 1, 2절을 외운 당신은 3절을 외울 수 있다는 사실에 동의할 것이다.

모르는 단어와 발음은 목마른 사슴처럼 사전을 찾아 당신의 마른 목을 축이라.

이제 시작이다.

당신은 이 놀랍고도 축복어린 사역을 이제 시작할 수 있다. 당신에게 놀라운 하나님의 지혜와 복이 임하시기를 나는 이제부터 기도드린다.

당신을 사랑하고 존경하며…….

PART 3

모세오경 영어로 통째 외우기

창세기(Genesis)

창세기는 이 세상이 하나님으로 인해 창조된 이야기이며, 인류가 그분으로 인해 생겨났다는 사실을 알려 주는 책이다. 창세기 1장 1절의 "태초에 하나님이 천지를 창조하시니라."의 진리를 믿는 사람과 그렇지 못한 사람들의 차이는 상상을 초월한다. 창세기의 첫 번째 문장에 온 인류의 운명이 달려 있다. '시작이 반이다'라는 말이 있듯이 성경의 이 첫 번째 문장을 믿고 받아들이는 사람은 세상에서 가장 놀라운 진리의 수호를 받게 되는 것이다.

창세기는 인류에게 올바른 시작을 안내하는 놀랍고도 놀라운 책이다. 이 책을 읽고 외우고 읊조리는 것은 이 땅에 서 있는 인류에게 가장 아름답고 중요한 특권이자 의무이다.

하나님이 세상을 창조하시다(God created the World, 1:1–2:3)

세상에서 가장 중요한 지식은 뭘까? 사람이 알아야 할 진리 가운데 가장 중요한 것은 무엇일까? 그것은 바로 하나님이 세상을 창조하셨다는 것이다. 이것은 단지 지식이 아니라 자신이 어떻게 생겨났으며 이 세상은 어떻게 돌아가는 것인가에 대한 가장 기본적이고 가장 근본적인 대답이 된다.

성경은 이 모든 세상이 하나님으로부터 시작되었으며 모든 만물은 그분의 입에서 나온 말씀으로 지음을 받았다는 사실을 담담하게 말한다. 진리는 반응을 의식하지 않는다. 진리는 진리로서 만족하는 것이다.

이 놀라운 사실을 어떻게 받아들이느냐에 따라 그 사람의 인생이 달라진다. 이 놀라운 진리를 믿고 읽고 외우고 읊조릴 때 당신의 삶은 놀라운 가치가 더해진다.

자, 이제 시작이다.

1:1 **In the beginning God created**
태초에 하나님이 창조하시니라.

In the beginning God created **the heavens and the earth.**
태초에 하나님이 천지를 창조하시니라.

In the beginning God created the heavens and the earth.

1:2 **Now the earth was formless and empty,**
땅이 혼돈하고 공허하며

Now the earth was formless and empty, **darkness was over the surface of the deep,**
땅이 혼돈하고 공허하며 흑암이 깊음 위에 있고

Now the earth was formless and empty, darkness was over the surface of the deep, **and the Spirit of God**
땅이 혼돈하고 공허하며 흑암이 깊음 위에 있고 하나님의 영은

Now the earth was formless and empty, darkness was over the surface of the deep, and the Spirit of God **was hovering over the waters.**
땅이 혼돈하고 공허하며 흑암이 깊음 위에 있고 하나님의 영은 수면 위에 운행하시니라.

Now the earth was formless and empty, darkness was over the surface of the deep, and the Spirit of God was hovering over the

waters.

1:3 **And God said,**
하나님이 이르시되

And God said, **"Let there be light,"**
하나님이 이르시되 빛이 있으라.

And God said, "Let there be light," **and there was light.**
하나님이 이르시되 빛이 있으라 하시매 빛이 있었고

And God said, "Let there be light," and there was light.

1:4 **God saw that the light was good,**
빛이 하나님이 보시기에 좋았더라.

God saw that the light was good, **and he separated the light from the darkness.**
빛이 하나님이 보시기에 좋았더라. 하나님이 빛과 어두움을 나누사

God saw that the light was good, and he separated the light from the darkness.

1:5 **God called the light 'day,'**
하나님이 빛을 낮이라 부르시고

God called the light 'day,' **and the darkness he called 'night,'**
하나님이 빛을 낮이라 부르시고 어두움을 밤이라 부르시니라.

God called the light 'day,' and the darkness he called 'night,' **And there was evening**

하나님이 빛을 낮이라 부르시고 어두움을 밤이라 부르시니라. 저녁이 되고

God called the light 'day,' and the darkness he called 'night,' And there was evening **and there was morning—the first day.**
하나님이 빛을 낮이라 부르시고 어두움을 밤이라 부르시니라. 저녁이 되고 아침이 되니 이는 첫째 날이니라.

God called the light 'day,' and the darkness he called 'night,' And there was evening and there was morning—the first day.

1:6 **And God said,**
하나님이 이르시되

And God said, **"Let there be an expanse between the waters**
하나님이 이르시되 물 가운데에 궁창이 있어

And God said, "Let there be an expanse between the waters **to separate water from water,"**
하나님이 이르시되 물 가운데에 궁창이 있어 물과 물로 나뉘라 하시고

And God said, "Let there be an expanse between the waters to separate water from water,"

1:7 **So God made the expanse**
하나님이 궁창을 만드사,

So God made the expanse **and separated the water under the expanse**
하나님이 궁창을 만드사 궁창 아래의 물을 나뉘게 하시니

So God made the expanse and separated the water under the expanse **from the water above it.**

하나님이 궁창을 만드사 궁창 아래의 물과 궁창 위의 물로 나뉘게 하시니

So God made the expanse and separated the water under the expanse from the water above it. **And it was so.**
하나님이 궁창을 만드사 궁창 아래의 물과 궁창 위의 물로 나뉘게 하시니 그대로 되니라.

So God made the expanse and separated the water under the expanse from the water above it. And it was so.

1:8 **God called the expanse 'sky.'**
하나님이 궁창을 하늘이라 부르시니라.

God called the expanse 'sky.' **And there was evening,**
하나님이 궁창을 하늘이라 부르시니라. 저녁이 되고

God called the expanse 'sky.' And there was evening, **and there was morning—the second day.**
하나님이 궁창을 하늘이라 부르시니라. 저녁이 되고 아침이 되니 이는 둘째 날이니라.

God called the expanse 'sky.' And there was evening, and there was morning—the second day.

1:9 **And God said,**
하나님이 이르시되

And God said, **"Let the water under the sky**
하나님이 이르시되 천하의 물이

And God said, "Let the water under the sky **be gathered to one place,**

하나님이 이르시되 천하의 물이 한 곳으로 모이고

And God said, “Let the water under the sky be gathered to one place, **and let dry ground appear.**
하나님이 이르시되 천하의 물이 한 곳으로 모이고 뭍이 드러나라 하시니

And God said, “Let the water under the sky be gathered to one place, and let dry ground appear.” **And it was so.**
하나님이 이르시되 천하의 물이 한 곳으로 모이고 뭍이 드러나라 하시니 그대로 되니라.

And God said, “Let the water under the sky be gathered to one place, and let dry ground appear.” And it was so.

1:10 **God called the dry ground ‘land,’**
하나님이 뭍을 땅이라 부르시고

God called the dry ground ‘land,’ **and the gathered waters he called ‘seas.’**
하나님이 뭍을 땅이라 부르시고 모인 물을 바다라 부르시니

God called the dry ground ‘land,’ and the gathered waters he called ‘seas.’ **And God saw that it was good.**
하나님이 뭍을 땅이라 부르시고 모인 물을 바다라 부르시니 하나님이 보시기에 좋았더라.

God called the dry ground ‘land,’ and the gathered waters he called ‘seas.’ And God saw that it was good.

1:11 **Then God said,**
하나님이 이르시되

Then God said, **"Let the land produce vegetation:**
하나님이 이르시되 땅은 식물을 내라

Then God said, "Let the land produce vegetation: **seed-bearing plants**
하나님이 이르시되 땅은 식물을 내라. 씨 맺는 채소와

Then God said, "Let the land produce vegetation: seed-bearing plants **and trees on the land that bear fruit with seed in it,**
하나님이 이르시되 땅은 식물을 내라. 씨 맺는 채소와 씨 가진 열매 맺는 나무를 내라.

Then God said, "Let the land produce vegetation: seed-bearing plants and trees on the land that bear fruit with seed in it, **according to their various kinds."**
하나님이 이르시되 땅은 풀과 씨 맺는 채소와 각기 종류대로 씨 가진 열매 맺는 나무를 내라 하시니

Then God said, "Let the land produce vegetation: seed-bearing plants and trees on the land that bear fruit with seed in it, according to their various kinds." **And it was so.**
하나님이 이르시되 땅은 풀과 씨 맺는 채소와 각기 종류대로 씨 가진 열매 맺는 나무를 내라 하시니 그대로 되어

Then God said, "Let the land produce vegetation: seed-bearing plants and trees on the land that bear fruit with seed in it, according to their various kinds." And it was so.

1:12 **The land produced vegetation:**
땅이 식물을 내니

The land produced vegetation: **plants bearing seed according to their kinds**

땅이 풀과 각기 종류대로 씨 맺는 채소를 내니

The land produced vegetation: plants bearing seed according to their kinds **and trees bearing fruit with seed in it**
땅이 풀과 각기 종류대로 씨 맺는 채소와 씨 가진 열매 맺는 나무를 내니

The land produced vegetation: plants bearing seed according to their kinds and trees bearing fruit with seed in it **according to their kinds.**
땅이 풀과 각기 종류대로 씨 맺는 채소와 각기 종류대로 씨 가진 열매 맺는 나무를 내니

The land produced vegetation: plants bearing seed according to their kinds and trees bearing fruit with seed in it according to their kinds. **And God saw that it was good.**
땅이 풀과 각기 종류대로 씨 맺는 채소와 각기 종류대로 씨 가진 열매 맺는 나무를 내니 하나님이 보시기에 좋았더라.

The land produced vegetation: plants bearing seed according to their kinds and trees bearing fruit with seed in it according to their kinds. And God saw that it was good.

1:13 **And there was evening,**
저녁이 되고

And there was evening, **and there was morning**
저녁이 되고 아침이 되니

And there was evening, and there was morning—**the third day.**
저녁이 되고 아침이 되니 이는 셋째 날이니라.

And there was evening, and there was morning—the third day.

1:14 **And God said,**
하나님이 이르시되

And God said, **"Let there be lights in the expanse of the sky**
하나님이 이르시되 하늘의 궁창에 광명체들이 있어

And God said, "Let there be lights in the expanse of the sky **to separate the day from the night,**
하나님이 이르시되 하늘의 궁창에 광명체들이 있어 낮과 밤을 나뉘게 하고

And God said, "Let there be lights in the expanse of the sky to separate the day from the night, **and let them serve as signs**
하나님이 이르시되 하늘의 궁창에 광명체들이 있어 낮과 밤을 나뉘게 하고 그것들로 징조를 이루게 하라.

And God said, "Let there be lights in the expanse of the sky to separate the day from the night, and let them serve as signs **to mark seasons and days and years,**
하나님이 이르시되 하늘의 궁창에 광명체들이 있어 낮과 밤을 나뉘게 하고 그것들로 징조와 계절과 날과 해를 이루게 하라.

And God said, "Let there be lights in the expanse of the sky to separate the day from the night, and let them serve as signs to mark seasons and days and years,

1:15 **and let them be lights**
또 광명체들이 있어

and let them be lights **in the expanse of the sky**
또 광명체들이 하늘의 궁창에 있어

and let them be lights in the expanse of the sky **to give light on the earth."**

또 광명체들이 하늘의 궁창에 있어 땅을 비추라 하시니

and let them be lights in the expanse of the sky to give light on the earth." **And it was so.**
또 광명체들이 하늘의 궁창에 있어 땅을 비추라 하시니 그대로 되니라.

and let them be lights in the expanse of the sky to give light on the earth." And it was so.

1:16 **God made two great lights**
하나님이 두 큰 광명체를 만드사

God made two great lights—**the greater light to govern the day**
하나님이 두 큰 광명체를 만드사 큰 광명체로 낮을 주관하게 하시고

God made two great lights—the greater light to govern the day **and the lesser light to govern the night.**
하나님이 두 큰 광명체를 만드사 큰 광명체로 낮을 주관하게 하시고 작은 광명체로 밤을 주관하게 하시며

God made two great lights—the greater light to govern the day and the lesser light to govern the night. **He also made the stars.**
하나님이 두 큰 광명체를 만드사 큰 광명체로 낮을 주관하게 하시고 작은 광명체로 밤을 주관하게 하시며 또 별들을 만드시고

God made two great lights—the greater light to govern the day and the lesser light to govern the night. He also made the stars.

1:17 **God set them in the expanse of the sky**
하나님이 그것들을 하늘의 궁창에 두어

God set them in the expanse of the sky **to give light on the earth,**

하나님이 그것들을 하늘의 궁창에 두어 땅을 비추게 하시며

God set them in the expanse of the sky to give light on the earth,

1:18 **to govern the day and the night,**
낮과 밤을 주관하게 하시고

to govern the day and the night, **and to separate light from darkness.**
낮과 밤을 주관하게 하시고 빛과 어둠을 나뉘게 하시니

to govern the day and the night, and to separate light from darkness. **And God saw that it was good.**
낮과 밤을 주관하게 하시고 빛과 어둠을 나뉘게 하시니 하나님이 보시기에 좋았더라.

to govern the day and the night, and to separate light from darkness. And God saw that it was good.

1:19 **And there was evening,**
저녁이 되고

And there was evening, **and there was morning**
저녁이 되고 아침이 되니

And there was evening, and there was morning—**the fourth day.**
저녁이 되고 아침이 되니 이는 넷째 날이니라.

And there was evening, and there was morning—the fourth day.

1:20 **And God said,**
하나님이 이르시되

And God said, **"Let the water teem with living creatures,**
하나님이 이르시되 물들은 생물을 번성하게 하라.

And God said, "Let the water teem with living creatures, **and let birds fly above the earth**
하나님이 이르시되 물들은 생물을 번성하게 하라 땅 위로 새가 날으라 하시고

And God said, "Let the water teem with living creatures, and let birds fly above the earth **across the expanse of the sky."**
하나님이 이르시되 물들은 생물을 번성하게 하라 땅 위 하늘의 궁창에는 새가 날으라 하시고

And God said, "Let the water teem with living creatures, and let birds fly above the earth across the expanse of the sky."

1:21 **So God created the great creatures of the sea** 47
하나님이 큰 바다 짐승들을 창조하시니

So God created the great creatures of the sea **and every living and moving thing**
하나님이 큰 바다 짐승들과 움직이는 모든 생물을 창조하시니

So God created the great creatures of the sea and every living and moving thing **with which the water teems,**
하나님이 큰 바다 짐승들과 물에서 번성하여 움직이는 모든 생물을 창조하시니

So God created the great creatures of the sea and every living and moving thing with which the water teems, **according to their kinds,**
하나님이 큰 바다 짐승들과 물에서 번성하여 움직이는 모든 생물을 그 종류대로 창조하시니

So God created the great creatures of the sea and every living

and moving thing with which the water teems, according to their kinds, **and every winged bird according to its kind.**
하나님이 큰 바다 짐승들과 물에서 번성하여 움직이는 모든 생물을 그 종류대로, 날개 있는 모든 새를 그 종류대로 창조하시니

So God created the great creatures of the sea and every living and moving thing with which the water teems, according to their kinds, and every winged bird according to its kind. **And God saw that it was good.**
하나님이 큰 바다 짐승들과 물에서 번성하여 움직이는 모든 생물을 그 종류대로, 날개 있는 모든 새를 그 종류대로 창조하시니 하나님이 보시기에 좋았더라.

So God created the great creatures of the sea and every living and moving thing with which the water teems, according to their kinds, and every winged bird according to its kind. And God saw that it was good.

1:22 **God blessed them and said,**
하나님이 그들에게 복을 주시며 이르시되

God blessed them and said, **"Be fruitful and increase in number**
하나님이 그들에게 복을 주시며 이르시되 생육하고 번성하여

God blessed them and said, "Be fruitful and increase in number **and fill the water in the seas,**
하나님이 그들에게 복을 주시며 이르시되 생육하고 번성하여 여러 바닷물에 충만하라

God blessed them and said, "Be fruitful and increase in number and fill the water in the seas, **and let the birds increase on the earth."**
하나님이 그들에게 복을 주시며 이르시되 생육하고 번성하여 여러 바닷물

에 충만하라 새들도 땅에 번성하라 하시니라.

God blessed them and said, "Be fruitful and increase in number and fill the water in the seas, and let the birds increase on the earth."

1:23 **And there was evening,**
저녁이 되고

And there was evening, **and there was morning**
저녁이 되고 아침이 되니

And there was evening, and there was morning—**the fifth day.**
저녁이 되고 아침이 되니 이는 다섯째 날이니라.

And there was evening, and there was morning—the fifth day.

1:24 **And God said,**
하나님이 이르시되

And God said, **"Let the land produce living creatures**
하나님이 이르시되 땅은 생물을 내되

And God said, "Let the land produce living creatures **according to their kinds:**
하나님이 이르시되 땅은 생물을 그 종류대로 내되

And God said, "Let the land produce living creatures according to their kinds: **livestock, creatures that move along the ground,**
하나님이 이르시되 땅은 생물을 그 종류대로 내되 가축과 기는 것과

And God said, "Let the land produce living creatures according to

their kinds: livestock, creatures that move along the ground, **and wild animals, each according to its kind."**
하나님이 이르시되 땅은 생물을 그 종류대로 내되 가축과 기는 것과 땅의 짐승을 종류대로 내라 하시니

And God said, "Let the land produce living creatures according to their kinds: livestock, creatures that move along the ground, and wild animals, each according to its kind." **And it was so.**
하나님이 이르시되 땅은 생물을 그 종류대로 내되 가축과 기는 것과 땅의 짐승을 종류대로 내라 하시니 그대로 되니라.

And God said, "Let the land produce living creatures according to their kinds: livestock, creatures that move along the ground, and wild animals, each according to its kind." And it was so.

1:25 **God made the wild animals**
하나님이 땅의 짐승을 만드시니

God made the wild animals **according to their kinds,**
하나님이 땅의 짐승을 그 종류대로 만드시니

God made the wild animals according to their kinds, **the livestock according to their kinds,**
하나님이 땅의 짐승을 그 종류대로, 가축을 그 종류대로 만드시니

God made the wild animals according to their kinds, the livestock according to their kinds, **and all the creatures that move along the ground**
하나님이 땅의 짐승을 그 종류대로, 가축을 그 종류대로, 땅에 기는 모든 것을 만드시니

God made the wild animals according to their kinds, the livestock according to their kinds, and all the creatures that move along the

ground **according to their kinds.**
하나님이 땅의 짐승을 그 종류대로, 가축을 그 종류대로, 땅에 기는 모든 것을 그 종류대로 만드시니

God made the wild animals according to their kinds, the livestock according to their kinds, and all the creatures that move along the ground according to their kinds. **And God saw that it was good.**
하나님이 땅의 짐승을 그 종류대로, 가축을 그 종류대로, 땅에 기는 모든 것을 그 종류대로 만드시니 하나님이 보시기에 좋았더라.

God made the wild animals according to their kinds, the livestock according to their kinds, and all the creatures that move along the ground according to their kinds. And God saw that it was good.

1:26 **Then God said,**
하나님이 이르시되

Then God said, **"Let us make man in our image,**
하나님이 이르시되 우리의 형상을 따라 우리가 사람을 만들고

Then God said, "Let us make man in our image, **in our likeness,**
하나님이 이르시되 우리의 형상을 따라 우리의 모양대로 우리가 사람을 만들고

Then God said, "Let us make man in our image, in our likeness, **and let them rule over the fish of the sea**
하나님이 이르시되 우리의 형상을 따라 우리의 모양대로 우리가 사람을 만들고 그들로 바다의 물고기를 다스리게 하자

Then God said, "Let us make man in our image, in our likeness, and let them rule over the fish of the sea **and the birds of the air,**
하나님이 이르시되 우리의 형상을 따라 우리의 모양대로 우리가 사람을 만들고 그들로 바다의 물고기와 하늘의 새를 다스리게 하자

Then God said, "Let us make man in our image, in our likeness, and let them rule over the fish of the sea and the birds of the air, **over the livestock, over all the earth,**
하나님이 이르시되 우리의 형상을 따라 우리의 모양대로 우리가 사람을 만들고 그들로 바다의 물고기와 하늘의 새와 가축과 온 땅을 다스리게 하자

Then God said, "Let us make man in our image, in our likeness, and let them rule over the fish of the sea and the birds of the air, over the livestock, over all the earth, **and over all the creatures that move along the ground."**
하나님이 이르시되 우리의 형상을 따라 우리의 모양대로 우리가 사람을 만들고 그들로 바다의 물고기와 하늘의 새와 가축과 온 땅과 땅에 기는 모든 것을 다스리게 하자 하시고

Then God said, "Let us make man in our image, in our likeness, and let them rule over the fish of the sea and the birds of the air, over the livestock, over all the earth, and over all the creatures that move along the ground."

1:27 **So God created man in his own image,**
하나님이 자기 형상대로 사람을 창조하시되

So God created man in his own image, **in the image of God he created him;**
하나님이 자기 형상 곧 하나님의 형상대로 사람을 창조하시되

So God created man in his own image, in the image of God he created him; **male and female he created them.**
하나님이 자기 형상 곧 하나님의 형상대로 사람을 창조하시되 남자와 여자를 창조하시고

So God created man in his own image, in the image of God he created him; male and female he created them.

1:28 **God blessed them and said to them,**
하나님이 그들에게 복을 주시며 하나님이 그들에게 이르시되

God blessed them and said to them, **"Be fruitful and increase in number;**
하나님이 그들에게 복을 주시며 하나님이 그들에게 이르시되 생육하고 번성하여

God blessed them and said to them, "Be fruitful and increase in number; **fill the earth and subdue it.**
하나님이 그들에게 복을 주시며 하나님이 그들에게 이르시되 생육하고 번성하여 땅에 충만하라, 땅을 정복하라,

God blessed them and said to them, "Be fruitful and increase in number; fill the earth and subdue it. **Rule over the fish of the sea**
하나님이 그들에게 복을 주시며 하나님이 그들에게 이르시되 생육하고 번성하여 땅에 충만하라, 땅을 정복하라, 바다의 물고기를 다스리라.

God blessed them and said to them, "Be fruitful and increase in number; fill the earth and subdue it. Rule over the fish of the sea **and the birds of the air**
하나님이 그들에게 복을 주시며 하나님이 그들에게 이르시되 생육하고 번성하여 땅에 충만하라, 땅을 정복하라, 바다의 물고기와 하늘의 새를 다스리라.

God blessed them and said to them, "Be fruitful and increase in number; fill the earth and subdue it. Rule over the fish of the sea and the birds of the air **and over every living creature that moves on the ground."**
하나님이 그들에게 복을 주시며 하나님이 그들에게 이르시되 생육하고 번성하여 땅에 충만하라, 땅을 정복하라, 바다의 물고기와 하늘의 새와 땅에 움직이는 모든 생물을 다스리라 하시니라.

God blessed them and said to them, "Be fruitful and increase in number; fill the earth and subdue it. Rule over the fish of the sea and the birds of the air and over every living creature that moves on the ground."

1:29 **Then God said, "I give you every seed-bearing plant**
하나님이 이르시되 내가 씨 맺는 모든 채소를 너희에게 주노니

Then God said, "I give you every seed-bearing plant **on the face of the whole earth**
하나님이 이르시되 내가 온 지면의 씨 맺는 모든 채소를 너희에게 주노니

Then God said, "I give you every seed-bearing plant on the face of the whole earth **and every tree that has fruit with seed in it.**
하나님이 이르시되 내가 온 지면의 씨 맺는 모든 채소와 씨 가진 열매 맺는 모든 나무를 너희에게 주노니

Then God said, "I give you every seed-bearing plant on the face of the whole earth and every tree that has fruit with seed in it. **They will be yours for food.**
하나님이 이르시되 내가 온 지면의 씨 맺는 모든 채소와 씨 가진 열매 맺는 모든 나무를 너희에게 주노니 너희의 먹을거리가 되리라.

Then God said, "I give you every seed-bearing plant on the face of the whole earth and every tree that has fruit with seed in it. They will be yours for food.

1:30 **And to all the beasts of the earth**
또 땅의 모든 짐승에게는

And to all the beasts of the earth **and all the birds of the air**
또 땅의 모든 짐승과 하늘의 모든 새에게는

And to all the beasts of the earth and all the birds of the air **and all the creatures that move on the ground**
또 땅의 모든 짐승과 하늘의 모든 새와 땅에 기는 모든 것에게는

And to all the beasts of the earth and all the birds of the air and all the creatures that move on the ground—**everything that has the breath of life in it—**
또 땅의 모든 짐승과 하늘의 모든 새와 생명이 있어 땅에 기는 모든 것에게는

And to all the beasts of the earth and all the birds of the air and all the creatures that move on the ground—everything that has the breath of life in it—**I give every green plant for food."**
또 땅의 모든 짐승과 하늘의 모든 새와 생명이 있어 땅에 기는 모든 것에게는 내가 모든 풀을 먹을거리로 주노라 하시니

And to all the beasts of the earth and all the birds of the air and all the creatures that move on the ground—everything that has the breath of life in it—I give every green plant for food." **And it was so.** 55
또 땅의 모든 짐승과 하늘의 모든 새와 생명이 있어 땅에 기는 모든 것에게는 내가 모든 풀을 먹을거리로 주노라 하시니 그대로 되니라.

And to all the beasts of the earth and all the birds of the air and all the creatures that move on the ground—everything that has the breath of life in it—I give every green plant for food." And it was so.

1:31 **God saw all that he had made,**
하나님이 지으신 그 모든 것을 보시니

God saw all that he had made, **and it was very good.**
하나님이 지으신 그 모든 것을 보시니 보시기에 심히 좋았더라.

God saw all that he had made, and it was very good. **And there was evening,**

하나님이 지으신 그 모든 것을 보시니 보시기에 심히 좋았더라. 저녁이 되고

God saw all that he had made, and it was very good. And there was evening, **and there was morning—the sixth day.**
하나님이 지으신 그 모든 것을 보시니 보시기에 심히 좋았더라. 저녁이 되고
아침이 되니 이는 여섯째 날이니라.

God saw all that he had made, and it was very good. And there was evening, and there was morning—the sixth day.

hover v. 날다, 선회하다 | expanse n. 광활한 공간, 천공, 팽창 | vegetation n. 식물, 초목 | teem v. 충만하다, 풍부하다 | fruitful a. 열매가 많은, 다산의 | livestock n. (집합적) 가축 | likeness n. 닮음 | subdue v. 정복하다

2:1 **Thus the heavens and the earth**
천지와 만물이

Thus the heavens and the earth **were completed in all their vast array.**
천지와 만물이 다 이루어지니라.

Thus the heavens and the earth were completed in all their vast array.

2:2 **By the seventh day**
일곱째 날에

By the seventh day **God had finished the work**
하나님이 일을 일곱째 날에 마치시니

By the seventh day God had finished the work **he had been doing;**

하나님이 그 하시던 일을 일곱째 날에 마치시니

By the seventh day God had finished the work he had been doing;
so on the seventh day
하나님이 그 하시던 일을 일곱째 날에 마치시니 일곱째 날에

By the seventh day God had finished the work he had been doing;
so on the seventh day **he rested from all his work.**
하나님이 그 하시던 일을 일곱째 날에 마치시니 그가 하시던 모든 일을 그치고 일곱째 날에 안식하시니라.

By the seventh day God had finished the work he had been doing; so on the seventh day he rested from all his work.

2:3 **And God blessed the seventh day**
하나님이 그 일곱째 날을 복되게 하사

And God blessed the seventh day **and made it holy,**
하나님이 그 일곱째 날을 복되게 하사 거룩하게 하셨으니

And God blessed the seventh day and made it holy, **because on it he rested from all the work**
하나님이 그 일곱째 날을 복되게 하사 거룩하게 하셨으니 이는 하나님이 그 날에 안식하셨음이니라.

And God blessed the seventh day and made it holy, because on it he rested from all the work **of creating that he had done.**
하나님이 그 일곱째 날을 복되게 하사 거룩하게 하셨으니 이는 하나님이 그 창조하시며 만드시던 모든 일을 마치시고 그날에 안식하셨음이니라.

And God blessed the seventh day and made it holy, because on it he rested from all the work of creating that he had done.

array n. 배치, 정렬

최초의 부부(The first couple, 2:18–25)

인류 최초의 결혼 이야기이다. 혼자 있는 아담을 위해 하나님은 아담의 갈비뼈를 취하시어 여자를 만드시고 아담에게 이끌어 가서 그들이 하나가 되게 하셨다. 하와는 아담에게서 나와서 다시 아담에게로 갔다. 부부는 둘이 만나 하나가 되는 것이 아니라 원래 하나였던 그들이 다시 하나가 되는 것이다. 무작정 이끌리는 대로 짝 맞추어 하나가 되는 것이 아니라 자기만의 짝을 찾아 다시 하나가 되는 것이 부부인 것이다.

인류 최초의 시와 노래는 아담의 입을 통해 흘러나왔다.

"이는 내 뼈 중의 뼈요 살 중의 살이로다. 이를 내게서 취하였으니 내가 그를 아내(여자)라 부르리라."

'여자'와 '아내'라는 말은 같은 단어이다. 남자에게 아내가 아닌 여자가 있어서는 안 되고 여자가 아닌 아내가 있어서도 안 되는 것이다. 결혼은 이 세상에서 가장 성스럽고도 신비한 비밀이다.

2:18 **The Lord God said,**
여호와 하나님이 이르시되

The Lord God said, **"It is not good for the man to be alone.**
여호와 하나님이 이르시되 사람이 혼자 사는 것이 좋지 아니하니

The Lord God said, "It is not good for the man to be alone. **I will make a helper**
여호와 하나님이 이르시되 사람이 혼자 사는 것이 좋지 아니하니 내가 돕는 배필을 지으리라

The Lord God said, "It is not good for the man to be alone. I will make a helper **suitable for him."**
여호와 하나님이 이르시되 사람이 혼자 사는 것이 좋지 아니하니 내가 그를 위하여 돕는 배필을 지으리라 하시니라

The Lord God said, "It is not good for the man to be alone. I will make a helper suitable for him."

2:19 **Now the Lord God had formed**
여호와 하나님이 지으시고

Now the Lord God had formed **out of the ground all the beasts of the field**
여호와 하나님이 흙으로 각종 들짐승을 지으시고

Now the Lord God had formed out of the ground all the beasts of the field **and all the birds of the air.**
여호와 하나님이 흙으로 각종 들짐승과 공중의 각종 새를 지으시고

Now the Lord God had formed out of the ground all the beasts of the field and all the birds of the air. **He brought them to the man**
여호와 하나님이 흙으로 각종 들짐승과 공중의 각종 새를 지으시고 그것들을 사람에게 이끌어 가시니

Now the Lord God had formed out of the ground all the beasts of the field and all the birds of the air. He brought them to the man **to see what he would name them;**
여호와 하나님이 흙으로 각종 들짐승과 공중의 각종 새를 지으시고 아담이 무엇이라고 부르나 보시려고 그것들을 그에게로 이끌어 가시니

Now the Lord God had formed out of the ground all the beasts of the field and all the birds of the air. He brought them to the man to see what he would name them; **and whatever the man called each**

living creature,
여호와 하나님이 흙으로 각종 들짐승과 공중의 각종 새를 지으시고 아담이 무엇이라고 부르나 보시려고 그것들을 그에게로 이끌어 가시니 아담이 각 생물을 부르는 것이

Now the Lord God had formed out of the ground all the beasts of the field and all the birds of the air. He brought them to the man to see what he would name them; and whatever the man called each living creature, **that was its name.**
여호와 하나님이 흙으로 각종 들짐승과 공중의 각종 새를 지으시고 아담이 무엇이라고 부르나 보시려고 그것들을 그에게로 이끌어 가시니 아담이 각 생물을 부르는 것이 곧 그 이름이 되었더라.

Now the Lord God had formed out of the ground all the beasts of the field and all the birds of the air. He brought them to the man to see what he would name them; and whatever the man called each living creature, that was its name.

2:20 **So the man gave names to all the livestock,**
아담이 모든 가축에게 이름을 주니라.

So the man gave names to all the livestock, **the birds of the air**
아담이 모든 가축과 공중의 새에게 이름을 주니라.

So the man gave names to all the livestock, the birds of the air **and all the beasts of the field.**
아담이 모든 가축과 공중의 새와 들의 모든 짐승에게 이름을 주니라.

So the man gave names to all the livestock, the birds of the air and all the beasts of the field. **But for Adam no suitable helper was found.**
아담이 모든 가축과 공중의 새와 들의 모든 짐승에게 이름을 주니라. 아담이 돕는 배필이 없으므로

So the man gave names to all the livestock, the birds of the air and all the beasts of the field. But for Adam no suitable helper was found.

2:21 **So the Lord God caused the man**
여호와 하나님이 아담을

So the Lord God caused the man **to fall into a deep sleep;**
여호와 하나님이 아담을 깊이 잠들게 하시니

So the Lord God caused the man to fall into a deep sleep; **and while he was sleeping,**
여호와 하나님이 아담을 깊이 잠들게 하시니 잠들매

So the Lord God caused the man to fall into a deep sleep; and while he was sleeping, **he took one of the man's ribs**
여호와 하나님이 아담을 깊이 잠들게 하시니 잠들매 그가 그 갈빗대 하나를 취하고

So the Lord God caused the man to fall into a deep sleep; and while he was sleeping, he took one of the man's ribs **and closed up the place with flesh.**
여호와 하나님이 아담을 깊이 잠들게 하시니 잠들매 그가 그 갈빗대 하나를 취하고 살로 대신 채우시고

So the Lord God caused the man to fall into a deep sleep; and while he was sleeping, he took one of the man's ribs and closed up the place with flesh.

2:22 **Then the Lord God made a woman**
여호와 하나님이 여자를 만드시고

Then the Lord God made a woman **from the rib he had taken out of the man,**
여호와 하나님이 아담에게서 취하신 그 갈빗대로 여자를 만드시고

Then the Lord God made a woman from the rib he had taken out of the man, **and he brought her to the man.**
여호와 하나님이 아담에게서 취하신 그 갈빗대로 여자를 만드시고 그를 아담에게로 이끌어 오시니

Then the Lord God made a woman from the rib he had taken out of the man, and he brought her to the man.

2:23 **The man said,**
아담이 이르되

The man said, **"This is now bone of my bones**
아담이 이르되 이는 내 뼈 중의 뼈요

The man said, "This is now bone of my bones **and flesh of my flesh;**
아담이 이르되 이는 내 뼈 중의 뼈요 살 중의 살이라.

The man said, "This is now bone of my bones and flesh of my flesh; **she shall be called 'woman'**
아담이 이르되 이는 내 뼈 중의 뼈요 살 중의 살이라. 이것을 여자라 부르리라 하니라.

The man said, "This is now bone of my bones and flesh of my flesh; she shall be called 'woman' **for she was taken out of man."**
아담이 이르되 이는 내 뼈 중의 뼈요 살 중의 살이라. 이것을 남자에게서 취하였은즉 여자라 부르리라 하니라.

The man said, "This is now bone of my bones and flesh of my flesh;

she shall be called 'woman' for she was taken out of man."

2:24 **For this reason**
이러므로

For this reason **a man will leave his father and mother**
이러므로 남자가 부모를 떠나

For this reason a man will leave his father and mother **and be united to his wife,**
이러므로 남자가 부모를 떠나 그의 아내와 합하여

For this reason a man will leave his father and mother and be united to his wife, **and they will become one flesh.**
이러므로 남자가 부모를 떠나 그의 아내와 합하여 둘이 한 몸을 이룰지로다.

For this reason a man will leave his father and mother and be united to his wife, and they will become one flesh.

2:25 **The man and his wife were both naked,**
아담과 그의 아내 두 사람이 벌거벗었으나

The man and his wife were both naked, **and they felt no shame.**
아담과 그의 아내 두 사람이 벌거벗었으나 부끄러워하지 아니하니라.

The man and his wife were both naked, and they felt no shame.

suitable a. 적당한, 어울리는 | rib n. 갈빗대 | shame n. 부끄럼

인간의 타락(The Fall of Man, 3:1–24)

하나님의 법은 인간을 구속하기 위해서 내리신 것이 아니다. 그것은 인간을 복 주고 번성케 하기 위해 내리신 사랑의 과제이다. 그것은 유혹(temptation)이 아니라 시험(test)이다. 동산 중앙의 선악을 알게 하는 지식의 나무에 걸린 하나님의 법은 그 나무의 과실만 먹지 않으면 동산에 흩어진 모든 나무의 열매와 그 동산을 영영히 누리며 유업으로 받을 수 있는 보물과 같은 것이었다.

그런데 사탄의 유혹을 받은 여자는 욕심에 눈이 멀어 자신도 하나님과 같이 되고자 하나님의 명령을 짓밟았다. 축복의 수혜자였던 그들은 한순간에 비열한 배신자가 되어 모든 것을 잃게 되었다.

그들이 불행의 주인공이 된 결정적 이유는 하나님의 말씀을 소홀히 여겼던 데 있다. 하나님의 말씀을 버리면 하나님도 그들을 버린다는 사실(삼상 15:23)을 그들은 너무 늦게 알게 되었다.

3:1 **Now the serpent was more crafty**
그런데 뱀은 가장 간교하니라.

Now the serpent was more crafty **than any of the wild animals the Lord God has made.**
그런데 뱀은 여호와 하나님이 지으신 들짐승 중에 가장 간교하니라.

Now the serpent was more crafty than any of the wild animals the Lord God has made. **He said to the woman,**
그런데 뱀은 여호와 하나님이 지으신 들짐승 중에 가장 간교하니라. 뱀이 여자에게 물어 이르되

Now the serpent was more crafty then any of the wild animals the Lord God has made. He said to the woman, **"Did God really say,**
그런데 뱀은 여호와 하나님이 지으신 들짐승 중에 가장 간교하니라. 뱀이 여

자에게 물어 이르되 하나님이 참으로 말하시더냐.

Now the serpent was more crafty then any of the wild animals the Lord God has made. He said to the woman, "Did God really say, **'You must not eat from any tree in the garden'?"**
그런데 뱀은 여호와 하나님이 지으신 들짐승 중에 가장 간교하니라 뱀이 여자에게 물어 이르되 하나님이 참으로 너희에게 동산 모든 나무의 열매를 먹지 말라 하시더냐.

Now the serpent was more crafty then any of the wild animals the Lord God has made. He said to the woman, "Did God really say, 'You must not eat from any tree in the garden'?"

3:2 **The woman said to the serpent,**
여자가 뱀에게 말하되

The woman said to the serpent, **"We may eat fruit from the trees in the garden,**
여자가 뱀에게 말하되 동산 나무의 열매를 우리가 먹을 수 있으나

The woman said to the serpent, "We may eat fruit from the trees in the garden,

3:3 **but God did say,**
하나님의 말씀에

but God did say, **'You must not eat fruit from the tree**
하나님의 말씀에 나무의 열매는 너희는 먹지 말라 하셨느니라.

but God did say, 'You must not eat fruit from the tree **that is in the middle of the garden,**
동산 중앙에 있는 나무의 열매는 하나님의 말씀에 너희는 먹지도 말라 하

셨느니라.

but God did say, 'You must not eat fruit from the tree that is in the middle of the garden, **and you must not touch it,**
하나님이 이르시되 동산 중앙에 있는 나무의 열매는 먹지도 말고 만지지도 말라 하셨느니라.

but God did say, 'You must not eat fruit from the tree that is in the middle of the garden, and you must not touch it, **or you will die.'"**
동산 중앙에 있는 나무의 열매는 하나님의 말씀에 너희는 먹지도 말고 만지지도 말라 너희가 죽을까 하노라 하셨느니라.

but God did say, 'You must not eat fruit from the tree that is in the middle of the garden, and you must not touch it, or you will die.'"

3:4 **"You will not surely die,"**
너희가 결코 죽지 아니하리라.

"You will not surely die," **the serpent said to the woman.**
뱀이 여자에게 이르되 너희가 결코 죽지 아니하리라.

"You will not surely die," the serpent said to the woman.

3:5 **"For God knows**
하나님이 아심이니라.

"For God knows **that when you eat of it your eyes will be opened,**
너희가 그것을 먹는 날에는 너희 눈이 밝아질 것을 하나님이 아심이니라.

"For God knows that when you eat of it your eyes will be opened, **and you will be like God,**
너희가 그것을 먹는 날에는 너희 눈이 밝아져 하나님과 같이 될 것을 하나님이 아심이니라.

"For God knows that when you eat of it your eyes will be opened, and you will be like God, **knowing good and evil."**
너희가 그것을 먹는 날에는 너희 눈이 밝아져 하나님과 같이 되어 선악을 알 줄 하나님이 아심이니라.

"For God knows that when you eat of it your eyes will be opened, and you will be like God, knowing good and evil."

3:6 **When the woman saw**
여자가 본즉

When the woman saw **that the fruit of the tree was good for food**
여자가 그 나무를 본즉 먹음직도 하고

When the woman saw that the fruit of the tree was good for food **and pleasing to the eye,**
여자가 그 나무를 본즉 먹음직도 하고 보암 직도 하고

When the woman saw that the fruit of the tree was good for food and pleasing to the eye, **and also desirable for gaining wisdom,**
여자가 그 나무를 본즉 먹음직도 하고 보암 직도 하고 지혜롭게 할 만큼 탐스럽기도 한 나무인지라.

When the woman saw that the fruit of the tree was good for food and pleasing to the eye, and also desirable for gaining wisdom, **she took some and ate it.**
여자가 그 나무를 본즉 먹음직도 하고 보암 직도 하고 지혜롭게 할 만큼 탐스럽기도 한 나무인지라. 여자가 그 열매를 따먹고

When the woman saw that the fruit of the tree was good for food and pleasing to the eye, and also desirable for gaining wisdom,

she took some and ate it. **She also gave some to her husband,**
여자가 그 나무를 본즉 먹음직도 하고 보암 직도 하고 지혜롭게 할 만큼 탐스럽기도 한 나무인지라. 여자가 그 열매를 따먹고 남편에게도 주매

When the woman saw that the fruit of the tree was good for food and pleasing to the eye, and also desirable for gaining wisdom, she took some and ate it. She also gave some to her husband, **who was with her,**
여자가 그 나무를 본즉 먹음직도 하고 보암 직도 하고 지혜롭게 할 만큼 탐스럽기도 한 나무인지라. 여자가 그 열매를 따먹고 자기와 함께 있는 남편에게도 주매

When the woman saw that the fruit of the tree was good for food and pleasing to the eye, and also desirable for gaining wisdom, she took some and ate it. She also gave some to her husband, who was with her, **and he ate it.**
여자가 그 나무를 본즉 먹음직도 하고 보암 직도 하고 지혜롭게 할 만큼 탐스럽기도 한 나무인지라. 여자가 그 열매를 따먹고 자기와 함께 있는 남편에게도 주매 그도 먹은지라.

When the woman saw that the fruit of the tree was good for food and pleasing to the eye, and also desirable for gaining wisdom, she took some and ate it. She also gave some to her husband, who was with her, and he ate it.

3:7 **Then the eyes of both of them were opened,**
이에 그들의 눈이 밝아져

Then the eyes of both of them were opened, **and they realized they were naked;**
이에 그들의 눈이 밝아져 자기들이 벗은 줄을 알고

Then the eyes of both of them were opened, and they realized they

were naked; **so they sewed fig leaves together**
이에 그들의 눈이 밝아져 자기들이 벗은 줄을 알고 무화과나무 잎을 엮어

Then the eyes of both of them were opened, and they realized they were naked; so they sewed fig leaves together **and made coverings for themselves.**
이에 그들의 눈이 밝아져 자기들이 벗은 줄을 알고 무화과나무 잎을 엮어 치마로 삼았더라.

Then the eyes of both of them were opened, and they realized they were naked; so they sewed fig leaves together and made coverings for themselves.

3:8 **Then the man and his wife**
아담과 그의 아내가

Then the man and his wife **heard the sound of the Lord God**
아담과 그의 아내가 여호와 하나님의 소리를 듣고

Then the man and his wife heard the sound of the Lord God **as he was walking in the garden**
아담과 그의 아내가 동산에 거니시는 여호와 하나님의 소리를 듣고

Then the man and his wife heard the sound of the Lord God as he was walking in the garden **in the cool of the day,**
아담과 그의 아내가 그날 바람이 불 때 동산에 거니시는 여호와 하나님의 소리를 듣고

Then the man and his wife heard the sound of the Lord God as he was walking in the garden in the cool of the day, **and they hid from the Lord God**
그들이 그날 바람이 불 때 동산에 거니시는 여호와 하나님의 소리를 듣고 아담과 그의 아내가 여호와 하나님의 낯을 피하여 숨은지라.

Then the man and his wife heard the sound of the Lord God as he was walking in the garden in the cool of the day, and they hid from the Lord God **among the trees of the garden.**
그들이 그날 바람이 불 때 동산에 거니시는 여호와 하나님의 소리를 듣고 아담과 그의 아내가 여호와 하나님의 낯을 피하여 동산 나무 사이에 숨은지라.

Then the man and his wife heard the sound of the Lord God as he was walking in the garden in the cool of the day, and they hid from the Lord God among the trees of the garden.

3:9 **But the Lord God called to the man,**
여호와 하나님이 아담을 부르시며 그에게 이르시되

But the Lord God called to the man, **"Where are you?"**
여호와 하나님이 아담을 부르시며 그에게 이르시되 네가 어디 있느냐.

But the Lord God called to the man, "Where are you?"

3:10 **He answered, "I heard you in the garden,**
이르되 내가 동산에서 하나님의 소리를 듣고

He answered, "I heard you in the garden, **and I was afraid because I was naked;**
이르되 내가 동산에서 하나님의 소리를 듣고 내가 벗었으므로 두려워하여

He answered, "I heard you in the garden, and I was afraid because I was naked; **so I hid."**
이르되 내가 동산에서 하나님의 소리를 듣고 내가 벗었으므로 두려워하여 숨었나이다.

He answered, "I heard you in the garden, and I was afraid because

I was naked; so I hid."

3:11 **And he said, "Who told you that you were naked?**
이르시되 누가 너의 벗었음을 네게 알렸느냐.

And he said, "Who told you that you were naked? **Have you eaten from the tree**
이르시되 누가 너의 벗었음을 네게 알렸느냐. 그 나무 열매를 네가 먹었느냐.

And he said, "Who told you that you were naked? Have you eaten from the tree **that I commanded you not to eat from?"**
이르시되 누가 너의 벗었음을 네게 알렸느냐. 내가 네게 먹지 말라 명한 그 나무 열매를 네가 먹었느냐.

And he said, "Who told you that you were naked? Have you eaten from the tree that I commanded you not to eat from?"

3:12 **The man said, "The woman you put here with me**
아담이 이르되 하나님이 주셔서 나와 함께 있게 하신 여자

The man said, "The woman you put here with me—**she gave me some fruit from the tree,**
아담이 이르되 하나님이 주셔서 나와 함께 있게 하신 여자 그가 그 나무 열매를 내게 주므로

The man said, "The woman you put here with me—she gave me some fruit from the tree, **and I ate it."**
아담이 이르되 하나님이 주셔서 나와 함께 있게 하신 여자 그가 그 나무 열매를 내게 주므로 내가 먹었나이다.

The man said, "The woman you put here with me—she gave me some fruit from the tree, and I ate it."

3:13 **Then the Lord God said to the woman,**
여호와 하나님이 여자에게 이르시되

Then the Lord God said to the woman, **"What is this you have done?"**
여호와 하나님이 여자에게 이르시되 네가 어찌하여 이렇게 하였느냐.

Then the Lord God said to the woman, "What is this you have done?" **The woman said,**
여호와 하나님이 여자에게 이르시되 네가 어찌하여 이렇게 하였느냐. 여자가 이르되

Then the Lord God said to the woman, "What is this you have done?" The woman said, **"The serpent deceived me, and I ate."**
여호와 하나님이 여자에게 이르시되 네가 어찌하여 이렇게 하였느냐. 여자가 이르되 뱀이 나를 꾀므로 내가 먹었나이다.

Then the Lord God said to the woman, "What is this you have done?" The woman said, "The serpent deceived me, and I ate."

3:14 **So the Lord God said to the serpent,**
여호와 하나님이 뱀에게 이르시되

So the Lord God said to the serpent, **"Because you have done this,**
여호와 하나님이 뱀에게 이르시되 네가 이렇게 하였으니

So the Lord God said to the serpent, "Because you have done this, **Cursed are you above all the livestock and all the wild animals!**
여호와 하나님이 뱀에게 이르시되 네가 이렇게 하였으니 네가 모든 가축과 들의 모든 짐승보다 더욱 저주를 받아

So the Lord God said to the serpent, "Because you have done this, Cursed are you above all the livestock and all the wild animals!

You will crawl on your belly
여호와 하나님이 뱀에게 이르시되 네가 이렇게 하였으니 네가 모든 가축과 들의 모든 짐승보다 더욱 저주를 받아 배로 다니고

So the Lord God said to the serpent, "Because you have done this, Cursed are you above all the livestock and all the wild animals! You will crawl on your belly **and you will eat dust all the days of your life.**
여호와 하나님이 뱀에게 이르시되 네가 이렇게 하였으니 네가 모든 가축과 들의 모든 짐승보다 더욱 저주를 받아 배로 다니고 살아 있는 동안 흙을 먹을지니라.

So the Lord God said to the serpent, "Because you have done this, Cursed are you above all the livestock and all the wild animals! You will crawl on your belly and you will eat dust all the days of your life.

3:15 **And I will put enmity between you and the woman,**
내가 너로 여자와 원수가 되게 하고

And I will put enmity between you and the woman, **and between your offspring and hers;**
내가 너로 여자와 원수가 되게 하고 네 후손도 여자의 후손과 원수가 되게 하리니

And I will put enmity between you and the woman, and between your offspring and hers; **he will crush your head,**
내가 너로 여자와 원수가 되게 하고 네 후손도 여자의 후손과 원수가 되게 하리니 여자의 후손은 네 머리를 상하게 할 것이요

And I will put enmity between you and the woman, and between your offspring and hers; he will crush your head, **and you will strike his heel."**
내가 너로 여자와 원수가 되게 하고 네 후손도 여자의 후손과 원수가 되게

하리니 여자의 후손은 네 머리를 상하게 할 것이요 너는 그의 발꿈치를 상하게 할 것이니라 하시고

And I will put enmity between you and the woman, and between your offspring and hers; he will crush your head, and you will strike his heel."

3:16 **To the woman he said,**
또 여자에게 이르시되

To the woman he said, **"I will greatly increase the pains in childbearing;**
또 여자에게 이르시되 내가 네게 임신하는 고통을 크게 더하리니

To the woman he said, "I will greatly increase the pains in childbearing; **with pain you will give birth to children.**
또 여자에게 이르시되 내가 네게 임신하는 고통을 크게 더하리니 네가 수고하고 자식을 낳을 것이며

To the woman he said, "I will greatly increase the pains in childbearing; with pain you will give birth to children. **Your desire will be for your husband,**
또 여자에게 이르시되 내가 네게 임신하는 고통을 크게 더하리니 네가 수고하고 자식을 낳을 것이며 너는 남편을 원하고

To the woman he said, "I will greatly increase the pains in childbearing; with pain you will give birth to children. Your desire will be for your husband, **and he will rule over you."**
또 여자에게 이르시되 내가 네게 임신하는 고통을 크게 더하리니 네가 수고하고 자식을 낳을 것이며 너는 남편을 원하고 남편은 너를 다스릴 것이니라 하시고

To the woman he said, "I will greatly increase the pains in

childbearing; with pain you will give birth to children. Your desire will be for your husband, and he will rule over you."

3:17 **To Adam he said,**
아담에게 이르시되

To Adam he said, **"Because you listened to your wife**
아담에게 이르시되 네가 네 아내의 말을 듣고

To Adam he said, "Because you listened to your wife **and ate from the tree about which I commanded you,**
아담에게 이르시되 네가 네 아내의 말을 듣고 내가 명한 나무의 열매를 먹었은즉

To Adam he said, "Because you listened to your wife and ate from the tree about which I commanded you, **'You must not eat of it,'**
아담에게 이르시되 네가 네 아내의 말을 듣고 내가 네게 먹지 말라 한 나무의 열매를 먹었은즉

To Adam he said, "Because you listened to your wife and ate from the tree about which I commanded you, 'You must not eat of it,' **Cursed is the ground because of you;**
아담에게 이르시되 네가 네 아내의 말을 듣고 내가 네게 먹지 말라 한 나무의 열매를 먹었은즉 땅은 너로 말미암아 저주를 받고

To Adam he said, "Because you listened to your wife and ate from the tree about which I commanded you, 'You must not eat of it,' Cursed is the ground because of you; **through painful toil you will eat of it**
아담에게 이르시되 네가 네 아내의 말을 듣고 내가 네게 먹지 말라 한 나무의 열매를 먹었은즉 땅은 너로 말미암아 저주를 받고 너는 수고하여야 그 소산을 먹으리라.

To Adam he said, "Because you listened to your wife and ate from the tree about which I commanded you, 'You must not eat of it,' Cursed is the ground because of you; through painful toil you will eat of it **all the days of your life.**

아담에게 이르시되 네가 네 아내의 말을 듣고 내가 네게 먹지 말라 한 나무의 열매를 먹었은즉 땅은 너로 말미암아 저주를 받고 너는 네 평생에 수고하여야 그 소산을 먹으리라.

To Adam he said, "Because you listened to your wife and ate from the tree about which I commanded you, 'You must not eat of it,' Cursed is the ground because of you; through painful toil you will eat of it all the days of your life.

3:18 **It will produce thorns and thistles for you,**

땅이 네게 가시덤불과 엉겅퀴를 낼 것이라.

It will produce thorns and thistles for you, **and you will eat the plants of the field.**

땅이 네게 가시덤불과 엉겅퀴를 낼 것이라. 네가 먹을 것은 밭의 채소인즉

It will produce thorns and thistles for you, and you will eat the plants of the field.

3:19 **By the sweat of your brow**

네가 얼굴에 땀을 흘려야

By the sweat of your brow **you will eat your food**

네가 얼굴에 땀을 흘려야 먹을 것을 먹으리니

By the sweat of your brow you will eat your food **until you return to the ground,**

네가 흙으로 돌아갈 때까지 얼굴에 땀을 흘려야 먹을 것을 먹으리니

By the sweat of your brow you will eat your food until you return to the ground, **since from it you were taken;**
네가 흙으로 돌아갈 때까지 얼굴에 땀을 흘려야 먹을 것을 먹으리니 네가 그것에서 취함을 입었음이라.

By the sweat of your brow you will eat your food until you return to the ground, since from it you were taken; **for dust you are and to dust you will return."**
네가 흙으로 돌아갈 때까지 얼굴에 땀을 흘려야 먹을 것을 먹으리니 네가 그것에서 취함을 입었음이라. 너는 흙이니 흙으로 돌아갈 것이니라 하시니라.

By the sweat of your brow you will eat your food until you return to the ground, since from it you were taken; for dust you are and to dust you will return."

3:20 **Adam named his wife Eve,**
아담이 그의 아내의 이름을 하와라 불렀으니

Adam named his wife Eve, **because she would become**
아담이 그의 아내의 이름을 하와라 불렀으니 이는 그가

Adam named his wife Eve, because she would become **the mother of all the living.**
아담이 그의 아내의 이름을 하와라 불렀으니 그는 모든 산 자의 어머니가 됨이더라.

Adam named his wife Eve, because she would become the mother of all the living.

3:21 **The Lord God made garments of skin**
여호와 하나님이 가죽옷을 지어

The Lord God made garments of skin **for Adam and his wife**
여호와 하나님이 아담과 그의 아내를 위하여 가죽옷을 지어

The Lord God made garments of skin for Adam and his wife **and clothed them.**
여호와 하나님이 아담과 그의 아내를 위하여 가죽옷을 지어 입히시니라.

The Lord God made garments of skin for Adam and his wife and clothed them.

3:22 **And the Lord God said,**
여호와 하나님이 이르시되

And the Lord God said, **"The man has now become like one of us,**
여호와 하나님이 이르시되 보라 이 사람이 우리 중 하나같이 되었으니

And the Lord God said, "The man has now become like one of us, **knowing good and evil.**
여호와 하나님이 이르시되 보라 이 사람이 선악을 아는 일에 우리 중 하나같이 되었으니

And the Lord God said, "The man has now become like one of us, knowing good and evil. **He must not be allowed to reach out his hand**
여호와 하나님이 이르시되 보라 이 사람이 선악을 아는 일에 우리 중 하나같이 되었으니 그가 그의 손을 들어 뻗게 해서는 안 된다.

And the Lord God said, "The man has now become like one of us, knowing good and evil. He must not be allowed to reach out his hand **and take also from the tree of life and eat,**
여호와 하나님이 이르시되 보라 이 사람이 선악을 아는 일에 우리 중 하나같이 되었으니 그가 그의 손을 들어 생명나무 열매도 따 먹게 해서는 안 된다.

And the Lord God said, “The man has now become like one of us, knowing good and evil. He must not be allowed to reach out his hand and take also from the tree of life and eat, **and live forever.”**
여호와 하나님이 이르시되 보라 이 사람이 선악을 아는 일에 우리 중 하나 같이 되었으니 그가 그의 손을 들어 생명나무 열매도 따 먹고 영생할까 하노라 하시고

And the Lord God said, “The man has now become like one of us, knowing good and evil. He must not be allowed to reach out his hand and take also from the tree of life and eat, and live forever.”

3:23 **So the Lord God banished him**
여호와 하나님이 그를 내보내어

So the Lord God banished him **from the Garden of Eden**
여호와 하나님이 에덴동산에서 그를 내보내어

So the Lord God banished him from the Garden of Eden **to work the ground from which he had been taken.**
여호와 하나님이 에덴동산에서 그를 내보내어 그의 근원이 된 땅을 갈게 하시니라.

So the Lord God banished him from the Garden of Eden to work the ground from which he had been taken.

3:24 **After he drove the man out,**
이같이 하나님이 그 사람을 쫓아내시고

After he drove the man out, **he placed on the east side of the Garden of Eden**
이같이 하나님이 그 사람을 쫓아내시고 에덴동산 동쪽에 두어

After he drove the man out, he placed on the east side of the Garden of Eden **cherubim and a flaming sword flashing back and forth**
이같이 하나님이 그 사람을 쫓아내시고 에덴동산 동쪽에 그룹들과 두루 도는 불 칼을 두어

After he drove the man out, he placed on the east side of the Garden of Eden cherubim and a flaming sword flashing back and forth **to guard the way to the tree of life.**
이같이 하나님이 그 사람을 쫓아내시고 에덴동산 동쪽에 그룹들과 두루 도는 불 칼을 두어 생명나무의 길을 지키게 하시니라.

After he drove the man out, he placed on the east side of the Garden of Eden cherubim and a flaming sword flashing back and forth to guard the way to the tree of life.

serpent n. 큰 뱀 | crafty a. 간교한 | desirable a. 바람직한, 탐나는 | fig n. 무화과, 무화과나무 | covering n. 덮개, 피복 | deceive v. ~을 속이다 | curse v. ~을 저주하다 | crawl v. 기다 | belly n. 배 | enmity n. 적의, 원한 | offspring n. 자손 | childbearing n. 출산, 분만 | toil n. 수고 | thorn n. 가시나무 | thistle n. 엉겅퀴 | brow n. 이마, 눈썹 | banish v. ~을 쫓아내다 | cherubim n. 케루빔(천사)

바벨탑(The Tower of Babel, 11:1–9)

노아 홍수가 끝나고 사람들은 다시 지면에서 삶을 이어가고 번성하기 시작한다. 그리고 마침내 그들은 자신들의 힘으로 탑을 쌓는다. 그들이 높은 탑을 건설하려 한 것은 지면에서 흩어짐을 면하기 위해서였다. 그들은 떠났다가도 그 탑을 보고 다시 모이기를 원했다. 홍수를 경험한 인류는 스스로를 보호하기 위해 하나님의 뜻을 알려 하지 않았다.

하나님은 당신이 창조하신 넓고도 아름다운 땅에서 그분의 백성들이 번창하고 편만하게 흩어져 이 땅에 그득해지고 열매 가득한 기름진

땅을 누리고 다스리길 원하셨다. 하지만 하나님을 의지하지 않는 인류는 하나님의 자원들을 멀리하고 돌을 대신해 벽돌을 굽고 역청으로 진흙을 대신했다. 언뜻 보기엔 벽돌이 돌보다 편리하며 역청이 진흙보다 강력해 보이지만 그것들은 스스로를 보호하기 위한 세속적인 산물이다.

결국 그들은 그들 앞에 던져진 각기 다른 언어로 인해 나누어질 수밖에 없는 운명에 처하고, 스스로 편을 갈라 흩어지게 된다. 하나님의 뜻을 모르는 세상은 결국 자기 무덤을 파게 되어 있다. 하나님의 말씀을 붙드는 이유는 바로 그분의 뜻을 알아 순종하여 이 땅을 하나님의 나라로 이루기 위함이다.

예전처럼 언어가 하나였다면 이 세상은 얼마나 편리하며 또 얼마나 많은 발전이 있었으며 아름다움이 꽃피었을까.

11:1 **Now the whole world had one language**
온 땅의 언어가 하나요,

Now the whole world had one language **and a common speech.**
온 땅의 언어가 하나요, 말이 하나였더라.

Now the whole world had one language and a common speech.

11:2 **As men moved eastward,**
이에 그들이 동방으로 옮기다가

As men moved eastward, **they found a plain in Shinar and settled there.**
이에 그들이 동방으로 옮기다가 시날 평지를 만나 거기 거류하며

As men moved eastward, they found a plain in Shinar and settled there.

11:3 **They said to each other,**
서로 말하되

They said to each other, **"Come, let's make bricks and bake them thoroughly."**
서로 말하되 자, 벽돌을 만들어 견고히 굽자 하고

They said to each other, "Come, let's make bricks and bake them thoroughly." **They used brick instead of stone,**
서로 말하되 자, 벽돌을 만들어 견고히 굽자 하고 이에 벽돌로 돌을 대신하며

They said to each other, "Come, let's make bricks and bake them thoroughly." They used brick instead of stone, **and tar for mortar.**
서로 말하되 자, 벽돌을 만들어 견고히 굽자 하고 이에 벽돌로 돌을 대신하며 역청으로 진흙을 대신하고

They said to each other, "Come, let's make bricks and bake them thoroughly." They used brick instead of stone, and tar for mortar.

11:4 **Then they said, "Come, let us build ourselves a city,**
또 말하되 자, 성읍을 건설하여

Then they said, "Come, let us build ourselves a city, **with a tower that reaches to the heavens,**
또 말하되 자, 성읍과 탑을 건설하여 그 탑 꼭대기를 하늘에 닿게 하여

Then they said, "Come, let us build ourselves a city, with a tower that reaches to the heavens, **so that we may make a name for ourselves**
또 말하되 자, 성읍과 탑을 건설하여 그 탑 꼭대기를 하늘에 닿게 하여 우리 이름을 내고

Then they said, "Come, let us build ourselves a city, with a tower

that reaches to the heavens, so that we may make a name for ourselves **and not be scattered over the face of the whole earth."**
또 말하되 자, 성읍과 탑을 건설하여 그 탑 꼭대기를 하늘에 닿게 하여 우리 이름을 내고 온 지면에 흩어짐을 면하자 하였더니

Then they said, "Come, let us build ourselves a city, with a tower that reaches to the heavens, so that we may make a name for ourselves and not be scattered over the face of the whole earth."

11:5 **But the LORD came down to see the city**
여호와께서 그 성읍을 보려고 내려오셨더라.

But the LORD came down to see the city **and the tower that the men were building.**
여호와께서 사람들이 건설하는 그 성읍과 탑을 보려고 내려오셨더라.

But the LORD came down to see the city and the tower that the men were building.

11:6 **The LORD said, "If as one people**
여호와께서 이르시되 이 무리가 한 족속이요

The LORD said, "If as one people **speaking the same language**
여호와께서 이르시되 이 무리가 한 족속이요 언어도 하나이므로

The LORD said, "If as one people speaking the same language **they have begun to do this,**
여호와께서 이르시되 이 무리가 한 족속이요 언어도 하나이므로 이같이 시작하였으니

The LORD said, "If as one people speaking the same language they have begun to do this, **then nothing they plan to do will be**

impossible for them.
여호와께서 이르시되 이 무리가 한 족속이요 언어도 하나이므로 이같이 시작하였으니 이 후로는 그 하고자 하는 일을 막을 수 없으리로다.

The LORD said, "If as one people speaking the same language they have begun to do this, then nothing they plan to do will be impossible for them.

11:7 Come, let us go down and confuse their language
자, 우리가 내려가서 거기서 그들의 언어를 혼잡하게 하여

Come, let us go down and confuse their language **so they will not understand each other."**
자, 우리가 내려가서 거기서 그들의 언어를 혼잡하게 하여 그들이 서로 알아듣지 못하게 하자 하시고

Come, let us go down and confuse their language so they will not understand each other."

11:8 So the LORD scattered them
여호와께서 그들을 흩으셨으므로

So the LORD scattered them **from there over all the earth,**
여호와께서 거기서 그들을 온 지면에 흩으셨으므로

So the LORD scattered them from there over all the earth, **and they stopped building the city.**
여호와께서 거기서 그들을 온 지면에 흩으셨으므로 그들이 그 도시를 건설하기를 그쳤더라.

So the LORD scattered them from there over all the earth, and they stopped building the city.

11:9 **That is why it was called Babel**
그러므로 그 이름을 바벨이라 하니

That is why it was called Babel—**because there the LORD confused the language**
그러므로 그 이름을 바벨이라 하니 이는 여호와께서 거기서 언어를 혼잡하게 하셨음이니라.

That is why it was called Babel—because there the LORD confused the language **of the whole world.**
그러므로 그 이름을 바벨이라 하니 이는 여호와께서 거기서 온 땅의 언어를 혼잡하게 하셨음이니라.

That is why it was called Babel—because there the LORD confused the language of the whole world. **From there the LORD scattered them**
그러므로 그 이름을 바벨이라 하니 이는 여호와께서 거기서 온 땅의 언어를 혼잡하게 하셨음이니라. 여호와께서 거기서 그들을 흩으셨더라.

That is why it was called Babel—because there the LORD confused the language of the whole world. From there the LORD scattered them **over the face of the whole earth.**
그러므로 그 이름을 바벨이라 하니 이는 여호와께서 거기서 온 땅의 언어를 혼잡하게 하셨음이니라. 여호와께서 거기서 그들을 온 지면에 흩으셨더라.

That is why it was called Babel—because there the LORD confused the language of the whole world. From there the LORD scattered them over the face of the whole earth.

scatter v. 뿌리다, 흩어지다 | confuse v. 혼란시키다

아브람을 부르시다(The Call of Abram, 12:1–4)

하나님께서 일흔다섯 살의 아브람(아브라함)을 이 땅을 위한 축복의 통로로 부르신 이유를 우린 잘 알지 못한다. 그것은 왜 하필 우리 자신들을 그분의 자녀로 택하셨는지를 설명하지 못하는 이유이기도 하다.

하지만 하나님은 모든 것을 아신다. 그리고 그분의 부르심에는 후회가 없으시다.

택함을 받은 후의 아브람의 놀라운 순종의 삶을 보며 우린 왜 주님이 그를 부르셨는지를 짐작하게 된다. 마찬가지로 우리를 부르신 그분의 섭리는 우리가 그분의 말씀을 붙잡고 순종해 나갈 때 또한 알게 될 놀라운 비밀이다.

12:1 **The LORD had said to Abram,**
여호와께서 아브람에게 이르시되

The LORD had said to Abram, **"Leave your country, your people and your father's household**
여호와께서 아브라함에게 이르시되 너는 너의 고향과 친척과 아버지의 집을 떠나

The LORD had said to Abram, "Leave your country, your people and your father's household **and go to the land I will show you.**
여호와께서 아브라함에게 이르시되 너는 너의 고향과 친척과 아버지의 집을 떠나 내가 네게 보여 줄 땅으로 가라.

The LORD had said to Abram, "Leave your country, your people and your father's household and go to the land I will show you.

12:2 **"I will make you into a great nation**
내가 너로 큰 민족을 이루고

"I will make you into a great nation **and I will bless you;**
내가 너로 큰 민족을 이루고 네게 복을 주어

"I will make you into a great nation and I will bless you; **I will make your name great,**
내가 너로 큰 민족을 이루고 네게 복을 주어 네 이름을 창대하게 하리니

"I will make you into a great nation and I will bless you; I will make your name great, **and you will be a blessing.**
내가 너로 큰 민족을 이루고 네게 복을 주어 네 이름을 창대하게 하리니 너는 복이 될지라.

"I will make you into a great nation and I will bless you; I will make your name great, and you will be a blessing.

12:3 **I will bless those who bless you,**
너를 축복하는 자에게는 내가 복을 내리고

I will bless those who bless you, **and whoever curses you I will curse;**
너를 축복하는 자에게는 내가 복을 내리고 너를 저주하는 자에게는 내가 저주하리니

I will bless those who bless you, and whoever curses you I will curse; **and all peoples on earth will be blessed**
너를 축복하는 자에게는 내가 복을 내리고 너를 저주하는 자에게는 내가 저주하리니 땅의 모든 족속이 복을 얻을 것이라 하신지라.

I will bless those who bless you, and whoever curses you I will curse; and all peoples on earth will be blessed **through you."**
너를 축복하는 자에게는 내가 복을 내리고 너를 저주하는 자에게는 내가 저주하리니 땅의 모든 족속이 너로 말미암아 복을 얻을 것이라 하신지라.

I will bless those who bless you, and whoever curses you I will curse; and all peoples on earth will be blessed through you."

12:4 **So Abram left, as the LORD had told him;**
이에 아브람이 여호와의 말씀을 따라 갔고

So Abram left, as the LORD had told him; **and Lot went with him.**
이에 아브람이 여호와의 말씀을 따라 갔고 롯도 그와 함께 갔으며

So Abram left, as the LORD had told him; and Lot went with him. **Abram was seventy-five years old**
이에 아브람이 여호와의 말씀을 따라 갔고 롯도 그와 함께 갔으며 아브람이 칠십오 세였더라.

So Abram left, as the LORD had told him; and Lot went with him. Abram was seventy-five years old **when he set out from Haran.**
이에 아브람이 여호와의 말씀을 따라 갔고 롯도 그와 함께 갔으며 아브람이 하란을 떠날 때에 칠십오 세였더라.

So Abram left, as the LORD had told him; and Lot went with him. Abram was seventy-five years old when he set out from Haran.

아브라함을 시험하시다(Abraham Tested, 22:1–19)

하나님은 결코 유혹(temptation)에 빠지게 하시는 분이 아니다. 그분은 시험(test)하실 뿐이다. 유혹의 목적은 단지 넘어뜨리려는 것이지만 시험의 이유는 상을 주시려는 데 있다. 아브라함을 시험하신 이유는 그에게 복을 주시고 영화롭게 하시며 그분의 선택이 옳았음을 온 인류에게 학습시키시기 위함이다.

성경 속에서 발견하는 진리 중 하나는 하나님은 복을 거저 주시지

않는다는 사실이다. 구원은 믿음으로 받지만 축복은 행함으로 받는다.

말씀을 읽고 외우고 읊조리며 순종할 때 당신은 복이 되며 이 세상을 향한 축복의 통로가 된다.

22:1 **Some time later God tested Abraham.**
그 일 후에 하나님이 아브라함을 시험하시려고

Some time later God tested Abraham. **He said to him, "Abraham!"**
그 일 후에 하나님이 아브라함을 시험하시려고 그를 부르시되 아브라함아 하시니

Some time later God tested Abraham. He said to him, "Abraham!" **"Here I am," he replied.**
그 일 후에 하나님이 아브라함을 시험하시려고 그를 부르시되 아브라함아 하시니 그가 이르되 내가 여기 있나이다.

Some time later God tested Abraham. He said to him, "Abraham!" "Here I am," he replied.

22:2 **Then God said, "Take your son, your only son, Isaac, whom you love,**
여호와께서 이르시되 네 아들 네 사랑하는 독자 이삭을 데리고

Then God said, "Take your son, your only son, Isaac, whom you love, **and go to the region of Moriah.**
여호와께서 이르시되 네 아들 네 사랑하는 독자 이삭을 데리고 모리아 땅으로 가서

Then God said, "Take your son, your only son, Isaac, whom you love, and go to the region of Moriah. **Sacrifice him there as a burnt offering**

여호와께서 이르시되 네 아들 네 사랑하는 독자 이삭을 데리고 모리아 땅으로 가서 그를 번제로 드리라.

Then God said, “Take your son, your only son, Isaac, whom you love, and go to the region of Moriah. Sacrifice him there as a burnt offering **on one of the mountains I will tell you about.”**
여호와께서 이르시되 네 아들 네 사랑하는 독자 이삭을 데리고 모리아 땅으로 가서 내가 네게 일러 준 한 산 거기서 그를 번제로 드리라.

Then God said, “Take your son, your only son, Isaac, whom you love, and go to the region of Moriah. Sacrifice him there as a burnt offering on one of the mountains I will tell you about.”

22:3 **Early the next morning Abraham got up**
아브라함이 아침에 일찍이 일어나

Early the next morning Abraham got up **and saddled his donkey.**
아브라함이 아침에 일찍이 일어나 나귀에 안장을 지우고

Early the next morning Abraham got up and saddled his donkey. **He took with him two of his servants**
아브라함이 아침에 일찍이 일어나 나귀에 안장을 지우고 두 종을 데리고

Early the next morning Abraham got up and saddled his donkey. He took with him two of his servants **and his son Isaac.**
아브라함이 아침에 일찍이 일어나 나귀에 안장을 지우고 두 종과 그의 아들 이삭을 데리고

Early the next morning Abraham got up and saddled his donkey. He took with him two of his servants and his son Isaac. **When he had cut enough wood for the burnt offering,**
아브라함이 아침에 일찍이 일어나 나귀에 안장을 지우고 두 종과 그의 아들 이삭을 데리고 번제에 쓸 나무를 쪼개어 가지고

Early the next morning Abraham got up and saddled his donkey. He took with him two of his servants and his son Isaac. When he had cut enough wood for the burnt offering, **he set out for the place**
아브라함이 아침에 일찍이 일어나 나귀에 안장을 지우고 두 종과 그의 아들 이삭을 데리고 번제에 쓸 나무를 쪼개어 가지고 떠나 그곳으로 가더니

Early the next morning Abraham got up and saddled his donkey. He took with him two of his servants and his son Isaac. When he had cut enough wood for the burnt offering, he set out for the place **God had told him about.**
아브라함이 아침에 일찍이 일어나 나귀에 안장을 지우고 두 종과 그의 아들 이삭을 데리고 번제에 쓸 나무를 쪼개어 가지고 떠나 하나님이 자기에게 일러 주신 곳으로 가더니

Early the next morning Abraham got up and saddled his donkey. He took with him two of his servants and his son Isaac. When he had cut enough wood for the burnt offering, he set out for the place God had told him about.

22:4 **On the third day Abraham looked up**
제삼 일에 아브라함이 눈을 들어

On the third day Abraham looked up **and saw the place in the distance.**
제삼 일에 아브라함이 눈을 들어 그곳을 멀리 바라본지라.

On the third day Abraham looked up and saw the place in the distance.

22:5 **He said to his servants, "Stay here with the donkey**
이에 아브라함이 종들에게 이르되 너희는 나귀와 함께 여기서 기다리라.

He said to his servants, "Stay here with the donkey **while I and the boy go over there.**
이에 아브라함이 종들에게 이르되 너희는 나귀와 함께 여기서 기다리라. 내
가 아이와 함께 저기 가서

He said to his servants, "Stay here with the donkey while I and the boy go over there. **We will worship and then we will come back to you."**
이에 아브라함이 종들에게 이르되 너희는 나귀와 함께 여기서 기다리라. 내
가 아이와 함께 저기 가서 예배하고 우리가 너희에게로 돌아오리라 하고

He said to his servants, "Stay here with the donkey while I and the boy go over there. We will worship and then we will come back to you."

22:6 **Abraham took the wood for the burnt offering**
아브라함이 이에 번제 나무를 가져다가

Abraham took the wood for the burnt offering **and placed it on his son Isaac,**
아브라함이 이에 번제 나무를 가져다가 그의 아들 이삭에게 지우고

Abraham took the wood for the burnt offering and placed it on his son Isaac, **and he himself carried the fire and the knife.**
아브라함이 이에 번제 나무를 가져다가 그의 아들 이삭에게 지우고 자기는
불과 칼을 손에 들고

Abraham took the wood for the burnt offering and placed it on his son Isaac, and he himself carried the fire and the knife. **As the two of them went on together,**
아브라함이 이에 번제 나무를 가져다가 그의 아들 이삭에게 지우고 자기는
불과 칼을 손에 들고 두 사람이 동행하더니

Abraham took the wood for the burnt offering and placed it on his son Isaac, and he himself carried the fire and the knife. As the two of them went on together,

22:7 **Isaac spoke up and said to his father Abraham,**
이삭이 그 아버지 아브라함에게 말하여 이르되

Isaac spoke up and said to his father Abraham, **"Father?" "Yes, my son?" Abraham replied.**
이삭이 그 아버지 아브라함에게 말하여 이르되 내 아버지여 하니 그가 이르되 내 아들아 내가 여기 있노라.

Isaac spoke up and said to his father Abraham, "Father?" "Yes, my son?" Abraham replied. **"The fire and wood are here," Isaac said,**
이삭이 그 아버지 아브라함에게 말하여 이르되 내 아버지여 하니 그가 이르되 내 아들아 내가 여기 있노라. 이삭이 이르되 불과 나무는 있거니와

Isaac spoke up and said to his father Abraham, "Father?" "Yes, my son?" Abraham replied. "The fire and wood are here," Isaac said, **"but where is the lamb for the burnt offering?"**
이삭이 그 아버지 아브라함에게 말하여 이르되 내 아버지여 하니 그가 이르되 내 아들아 내가 여기 있노라. 이삭이 이르되 불과 나무는 있거니와 번제할 어린 양은 어디 있나이까.

Isaac spoke up and said to his father Abraham, "Father?" "Yes, my son?" Abraham replied. "The fire and wood are here," Isaac said, "but where is the lamb for the burnt offering?"

22:8 **Abraham answered, "God himself will provide the lamb**
아브라함이 이르되 어린 양은 하나님이 자기를 위하여 친히 준비하시리라.

Abraham answered, "God himself will provide the lamb **for the**

burnt offering, my son."
아브라함이 이르되 내 아들아 번제할 어린 양은 하나님이 자기를 위하여 친히 준비하시리라.

Abraham answered, "God himself will provide the lamb for the burnt offering, my son." **And the two of them went on together.**
아브라함이 이르되 내 아들아 번제할 어린 양은 하나님이 자기를 위하여 친히 준비하시리라 하고 두 사람이 함께 나아가서

Abraham answered, "God himself will provide the lamb for the burnt offering, my son." And the two of them went on together.

22:9 **When they reached the place God had told him about,**
하나님이 그에게 일러 주신 곳에 이른지라.

When they reached the place God had told him about, **Abraham built an altar there**
하나님이 그에게 일러 주신 곳에 이른지라. 이에 아브라함이 그곳에 제단을 쌓고

When they reached the place God had told him about, Abraham built an altar there **and arranged the wood on it.**
하나님이 그에게 일러 주신 곳에 이른지라. 이에 아브라함이 그곳에 제단을 쌓고 나무를 벌여 놓고

When they reached the place God had told him about, Abraham built an altar there and arranged the wood on it. **He bound his son Isaac**
하나님이 그에게 일러 주신 곳에 이른지라. 이에 아브라함이 그곳에 제단을 쌓고 나무를 벌여 놓고 그의 아들 이삭을 결박하여

When they reached the place God had told him about, Abraham built an altar there and arranged the wood on it. He bound his son

Isaac **and laid him on the altar, on top of the wood.**
하나님이 그에게 일러 주신 곳에 이른지라. 이에 아브라함이 그곳에 제단을 쌓고 나무를 벌여 놓고 그의 아들 이삭을 결박하여 제단 나무 위에 놓고

When they reached the place God had told him about, Abraham built an altar there and arranged the wood on it. He bound his son Isaac and laid him on the altar, on top of the wood.

22:10 **Then he reached out his hand and took the knife**
손을 내밀어 칼을 잡고

Then he reached out his hand and took the knife **to slay his son.**
손을 내밀어 칼을 잡고 그 아들을 잡으려 하니

Then he reached out his hand and took the knife to slay his son.

22:11 **But the angel of the LORD called out to him from heaven,**
여호와의 사자가 하늘에서부터 그를 불러 이르시되

But the angel of the LORD called out to him from heaven, **"Abraham! Abraham!" "Here I am," he replied.**
여호와의 사자가 하늘에서부터 그를 불러 이르시되 아브라함아 아브라함아 하시는지라. 아브라함이 이르되 내가 여기 있나이다 하매

But the angel of the LORD called out to him from heaven, "Abraham! Abraham!" "Here I am," he replied.

22:12 **"Do not lay a hand on the boy," he said.**
사자가 이르시되 그 아이에게 네 손을 대지 말라.

"Do not lay a hand on the boy," he said. **"Do not do anything to**

him.
사자가 이르시되 그 아이에게 네 손을 대지 말라. 그에게 아무 일도 하지 말라.

"Do not lay a hand on the boy," he said. "Do not do anything to him. **Now I know that you fear God,**
사자가 이르시되 그 아이에게 네 손을 대지 말라. 그에게 아무 일도 하지 말라. 내가 이제야 네가 하나님을 경외하는 줄을 아노라.

"Do not lay a hand on the boy," he said. "Do not do anything to him. Now I know that you fear God, **because you have not withheld from me your son, your only son."**
사자가 이르시되 그 아이에게 네 손을 대지 말라. 그에게 아무 일도 하지 말라. 네가 네 아들 네 독자까지도 내게 아끼지 아니하였으니 내가 이제야 네가 하나님을 경외하는 줄을 아노라.

"Do not lay a hand on the boy," he said. "Do not do anything to him. Now I know that you fear God, because you have not withheld from me your son, your only son."

22:13 **Abraham looked up**
아브라함이 눈을 들어 살펴본즉

Abraham looked up **and there in a thicket he saw a ram caught by its horns.**
아브라함이 눈을 들어 살펴본즉 한 숫양이 뒤에 있는데 뿔이 수풀에 걸려 있는지라.

Abraham looked up and there in a thicket he saw a ram caught by its horns. **He went over and took the ram and sacrificed it**
아브라함이 눈을 들어 살펴본즉 한 숫양이 뒤에 있는데 뿔이 수풀에 걸려 있는지라. 아브라함이 가서 그 숫양을 가져다가 드렸더라.

Abraham looked up and there in a thicket he saw a ram caught by its horns. He went over and took the ram and sacrificed it **as a burnt offering instead of his son.**
아브라함이 눈을 들어 살펴본즉 한 숫양이 뒤에 있는데 뿔이 수풀에 걸려 있는지라. 아브라함이 가서 그 숫양을 가져다가 아들을 대신하여 번제로 드렸더라.

Abraham looked up and there in a thicket he saw a ram caught by its horns. He went over and took the ram and sacrificed it as a burnt offering instead of his son.

22:14 **So Abraham called that place The LORD Will Provide.**
아브라함이 그 땅 이름을 여호와 이레라 하였으므로

So Abraham called that place The LORD Will Provide. **And to this day it is said,**
아브라함이 그 땅 이름을 여호와 이레라 하였으므로 오늘날까지 사람들이 이르기를

So Abraham called that place The LORD Will Provide. And to this day it is said, **"On the mountain of the LORD it will be provided."**
아브라함이 그 땅 이름을 여호와 이레라 하였으므로 오늘날까지 사람들이 이르기를 여호와의 산에서 준비되리라 하더라.

So Abraham called that place The LORD Will Provide. And to this day it is said, "On the mountain of the LORD it will be provided."

22:15 **The angel of the LORD called to Abraham**
여호와의 사자가 아브라함을 불러

The angel of the LORD called to Abraham **from heaven a second time**

여호와의 사자가 하늘에서부터 두 번째 아브라함을 불러

The angel of the LORD called to Abraham from heaven a second time

22:16 **and said, "I swear by myself, declares the LORD,**
이르시되 여호와께서 이르시기를 내가 나를 가리켜 맹세하노니

and said, "I swear by myself, declares the LORD, **that because you have done this**
이르시되 여호와께서 이르시기를 내가 나를 가리켜 맹세하노니 네가 이같이 행하여

and said, "I swear by myself, declares the LORD, that because you have done this **and have not withheld your son, your only son,**
이르시되 여호와께서 이르시기를 내가 나를 가리켜 맹세하노니 네가 이같이 행하여 네 아들 네 독자도 아끼지 아니하였은즉

and said, "I swear by myself, declares the LORD, that because you have done this and have not withheld your son, your only son,

22:17 **I will surely bless you**
내가 네게 큰 복을 주고

I will surely bless you **and make your descendants as numerous as the stars in the sky**
내가 네게 큰 복을 주고 네 씨가 크게 번성하여 하늘의 별과 같게 하리니

I will surely bless you and make your descendants as numerous as the stars in the sky **and as the sand on the seashore.**
내가 네게 큰 복을 주고 네 씨가 크게 번성하여 하늘의 별과 같고 바닷가의 모래와 같게 하리니

I will surely bless you and make your descendants as numerous as the stars in the sky and as the sand on the seashore. **Your descendants will take possession of the cities of their enemies,**
내가 네게 큰 복을 주고 네 씨가 크게 번성하여 하늘의 별과 같고 바닷가의 모래와 같게 하리니 네 씨가 그 대적의 성문을 차지하리라.

I will surely bless you and make your descendants as numerous as the stars in the sky and as the sand on the seashore. Your descendants will take possession of the cities of their enemies,

22:18 **and through your offspring**
또 네 씨로 말미암아

and through your offspring **all nations on earth will be blessed,**
또 네 씨로 말미암아 천하 만민이 복을 받으리니

and through your offspring all nations on earth will be blessed, **because you have obeyed me."**
또 네 씨로 말미암아 천하 만민이 복을 받으리니 이는 네가 나의 말을 준행하였음이니라 하셨다 하니라.

and through your offspring all nations on earth will be blessed, because you have obeyed me."

22:19 **Then Abraham returned to his servants,**
이에 아브라함이 그의 종들에게로 돌아가서

Then Abraham returned to his servants, **and they set off together for Beersheba.**
이에 아브라함이 그의 종들에게로 돌아가서 함께 떠나 브엘세바에 이르러

Then Abraham returned to his servants, and they set off together

for Beersheba. **And Abraham stayed in Beersheba.**
이에 아브라함이 그의 종들에게로 돌아가서 함께 떠나 브엘세바에 이르러 거기 거주하였더라.

Then Abraham returned to his servants, and they set off together for Beersheba. And Abraham stayed in Beersheba.

region n. 지역 | sacrifice v. 제물을 바치다 | burnt offering n. 번제 | saddle v. ~에 안장을 얹다 | altar n. 제단 | arrange v. 배열하다 | slay v. 살해하다 | withhold v. ~을 주는 것을 보류하다 | thicket n. 덤불 | descendant n. 자손

요셉이 꾼 꿈(Joseph's dreams, 37:1–11)

꿈을 꾸어서 꿈을 갖게 되는 것이 아니라 꿈이 있는 사람이 꿈을 꾸게 된다. 꿈이 없는 사람은 꿈을 꾸어도 그것을 흘려보내지만 꿈이 있는 사람은 꿈을 꾸어 꿈꾸는 사람이 된다.

꿈은 거저 꿈이 아니다. 꿈은 그가 꿈꾼 것으로 인해 치른 대가에 따라 그 빛깔이 달라진다. 요셉은 그가 꾼 꿈으로 인해 온 인생을 불살랐고 그로 인해 온 세상을 살렸다. 그는 언어도 다른 이국땅에서 종으로 살면서도, 억울한 옥살이 가운데서도 그 꿈을 놓지 않았다. 자신에게 꿈을 주신 하나님을 철저히 신뢰하고 그분과 놀라운 동행을 이어감으로써 그는 그 험난한 세월을 뚫었다.

오늘 당신이 철저히 하나님을 의지하며 그분의 말씀을 붙들 때에 당신은 이 시대의 요셉이 된다.

37:1 **Jacob lived in the land where his father had stayed,**
야곱이 그의 아버지가 거류하던 땅에 거주하였으니

Jacob lived in the land where his father had stayed, **the land of Canaan.**
야곱이 가나안 땅 곧 그의 아버지가 거류하던 땅에 거주하였으니

Jacob lived in the land where his father had stayed, the land of Canaan.

37:2 **This is the account of Jacob.**
야곱의 족보는 이러하니라.

This is the account of Jacob. **Joseph, a young man of seventeen,**
야곱의 족보는 이러하니라. 요셉이 십칠 세의 소년으로서

This is the account of Jacob. Joseph, a young man of seventeen, **was tending the flocks with his brothers,**
야곱의 족보는 이러하니라. 요셉이 십칠 세의 소년으로서 그의 형들과 함께 양을 칠 때에

This is the account of Jacob. Joseph, a young man of seventeen, was tending the flocks with his brothers, **the sons of Bilhah and the sons of Zilpah, his father's wives,**
야곱의 족보는 이러하니라 요셉이 십칠 세의 소년으로서 그의 형들과 함께 양을 칠 때에 그의 아버지의 아내들 빌하와 실바의 아들들과 더불어 함께 있었더니

This is the account of Jacob. Joseph, a young man of seventeen, was tending the flocks with his brothers, the sons of Bilhah and the sons of Zilpah, his father's wives, **and he brought their father a bad report about them.**
야곱의 족보는 이러하니라. 요셉이 십칠 세의 소년으로서 그의 형들과 함께 양을 칠 때에 그의 아버지의 아내들 빌하와 실바의 아들들과 더불어 함께 있었더니 그가 그들의 잘못을 아버지에게 말하더라.

This is the account of Jacob. Joseph, a young man of seventeen, was tending the flocks with his brothers, the sons of Bilhah and the sons of Zilpah, his father's wives, and he brought their father a bad report about them.

37:3 **Now Israel loved Joseph more than any of his other sons,**
이스라엘이 여러 아들들보다 그를 더 사랑하므로

Now Israel loved Joseph more than any of his other sons, **because he had been born to him in his old age;**
요셉은 노년에 얻은 아들이므로 이스라엘이 여러 아들들보다 그를 더 사랑하므로

Now Israel loved Joseph more than any of his other sons, because he had been born to him in his old age; **and he made a richly ornamented robe for him.**
요셉은 노년에 얻은 아들이므로 이스라엘이 여러 아들들보다 그를 더 사랑하므로 그를 위하여 채색 옷을 지었더니

Now Israel loved Joseph more than any of his other sons, because he had been born to him in his old age; and he made a richly ornamented robe for him.

37:4 **When his brothers saw that their father loved him**
그의 형들이 아버지가 그를 사랑함을 보고

When his brothers saw that their father loved him **more than any of them,**
그의 형들이 아버지가 형들보다 그를 더 사랑함을 보고

When his brothers saw that their father loved him more than any of them, **they hated him and could not speak a kind word to him.**

그의 형들이 아버지가 형들보다 그를 더 사랑함을 보고 그를 미워하여 그에게 편안하게 말할 수 없었더라.

When his brothers saw that their father loved him more than any of them, they hated him and could not speak a kind word to him.

37:5 **Joseph had a dream,**
요셉이 꿈을 꾸고

Joseph had a dream, **and when he told it to his brothers,**
요셉이 꿈을 꾸고 자기 형들에게 말하매

Joseph had a dream, and when he told it to his brothers, **they hated him all the more.**
요셉이 꿈을 꾸고 자기 형들에게 말하매 그들이 그를 더욱 미워하였더라.

Joseph had a dream, and when he told it to his brothers, they hated him all the more.

37:6 **He said to them, "Listen to this dream I had:**
요셉이 그들에게 이르되 청하건대 내가 꾼 꿈을 들으시오.

He said to them, "Listen to this dream I had:

37:7 **We were binding sheaves of grain out in the field**
우리가 밭에서 곡식 단을 묶더니

We were binding sheaves of grain out in the field **when suddenly my sheaf rose and stood upright,**
우리가 밭에서 곡식 단을 묶더니 내 단은 일어서고

We were binding sheaves of grain out in the field when suddenly my sheaf rose and stood upright, **while your sheaves gathered around mine**
우리가 밭에서 곡식 단을 묶더니 내 단은 일어서고 당신들의 단은 내 단을 둘러서서

We were binding sheaves of grain out in the field when suddenly my sheaf rose and stood upright, while your sheaves gathered around mine **and bowed down to it."**
우리가 밭에서 곡식 단을 묶더니 내 단은 일어서고 당신들의 단은 내 단을 둘러서서 절하더이다.

We were binding sheaves of grain out in the field when suddenly my sheaf rose and stood upright, while your sheaves gathered around mine and bowed down to it."

37:8 **His brothers said to him, "Do you intend to reign over us?**
그의 형들이 그에게 이르되 네가 참으로 우리의 왕이 되겠느냐.

His brothers said to him, "Do you intend to reign over us? **Will you actually rule us?"**
그의 형들이 그에게 이르되 네가 참으로 우리의 왕이 되겠느냐. 참으로 우리를 다스리게 되겠느냐 하고

His brothers said to him, "Do you intend to reign over us? Will you actually rule us?" **And they hated him all the more**
그의 형들이 그에게 이르되 네가 참으로 우리의 왕이 되겠느냐. 참으로 우리를 다스리게 되겠느냐 하고 그를 더욱 미워하더니

His brothers said to him, "Do you intend to reign over us? Will you actually rule us?" And they hated him all the more **because of his dream and what he had said.**
그의 형들이 그에게 이르되 네가 참으로 우리의 왕이 되겠느냐. 참으로 우

리를 다스리게 되겠느냐 하고 그의 꿈과 그의 말로 말미암아 그를 더욱 미워하더니

His brothers said to him, "Do you intend to reign over us? Will you actually rule us?" And they hated him all the more because of his dream and what he had said.

37:9 **Then he had another dream,**
요셉이 다시 꿈을 꾸고

Then he had another dream, **and he told it to his brothers.**
요셉이 다시 꿈을 꾸고 그의 형들에게 말하여 이르되

Then he had another dream, and he told it to his brothers. **"Listen," he said, "I had another dream,**
요셉이 다시 꿈을 꾸고 그의 형들에게 말하여 이르되 내가 또 꿈을 꾼즉

105

Then he had another dream, and he told it to his brothers. "Listen," he said, "I had another dream, **and this time the sun and moon and eleven stars were bowing down to me."**
요셉이 다시 꿈을 꾸고 그의 형들에게 말하여 이르되 내가 또 꿈을 꾼즉 해와 달과 열한 별이 내게 절하더이다 하니라.

Then he had another dream, and he told it to his brothers. "Listen," he said, "I had another dream, and this time the sun and moon and eleven stars were bowing down to me."

37:10 **When he told his father as well as his brothers,**
그가 그의 꿈을 아버지와 형들에게 말하매

When he told his father as well as his brothers, **his father rebuked him and said,**

그가 그의 꿈을 아버지와 형들에게 말하매 아버지가 그를 꾸짖고 그에게 이르되

When he told his father as well as his brothers, his father rebuked him and said, **"What is this dream you had?**
그가 그의 꿈을 아버지와 형들에게 말하매 아버지가 그를 꾸짖고 그에게 이르되 네가 꾼 꿈이 무엇이냐.

When he told his father as well as his brothers, his father rebuked him and said, "What is this dream you had? **Will your mother and I and your brothers actually come and bow down**
그가 그의 꿈을 아버지와 형들에게 말하매 아버지가 그를 꾸짖고 그에게 이르되 네가 꾼 꿈이 무엇이냐. 나와 네 어머니와 네 형들이 참으로 가서 절하겠느냐.

When he told his father as well as his brothers, his father rebuked him and said, "What is this dream you had? Will your mother and I and your brothers actually come and bow down **to the ground before you?"**
그가 그의 꿈을 아버지와 형들에게 말하매 아버지가 그를 꾸짖고 그에게 이르되 네가 꾼 꿈이 무엇이냐. 나와 네 어머니와 네 형들이 참으로 가서 땅에 엎드려 네게 절하겠느냐.

When he told his father as well as his brothers, his father rebuked him and said, "What is this dream you had? Will your mother and I and your brothers actually come and bow down to the ground before you?"

37:11 **His brothers were jealous of him,**
그의 형들은 시기하되

His brothers were jealous of him, **but his father kept the matter in mind.**

그의 형들은 시기하되 그의 아버지는 그 말을 간직해 두었더라.

His brothers were jealous of him, but his father kept the matter in mind.

tend v. 돌보다 | ornament v. ~을 장식하다 | sheaf n. (베어낸 곡식의) 단, 묶음 | reign v. 지배하다 | rebuke v. 책망하다

출애굽기(Exodus)

출애굽기는 이집트(애굽) 왕의 지배를 받던 이스라엘 백성들이 이집트를 나와 홍해를 건너고 광야를 지나 약속의 땅인 가나안에 이르는 사십 년간의 여정의 기록이다.

이집트는 지난 날 당신이 속해 있던 세상이고 파라오(바로)는 사탄의 상징이다. 홍해는 예수 그리스도를 믿고 세례를 받는 것을, 광야는 주님을 믿고 난 뒤의 당신이 살아가는 이 세상을 상징한다. 요단강은 단지 천국으로 들어가는, 죽음을 통해 건너는 강만이 아니라, 이 세상에서 놀라운 승리를 얻기 위해 건너야 하는 크리스천의 강이기도 하다.

홍해는 모세를 따라서 건너면 되는, 믿음만으로도 얻는 구원의 바다이지만, 요단강은 말씀의 법궤를 앞세우고 건넜던, 오늘날에도 하나님의 말씀을 읽고 외우고 읊조리며 순종함으로 건너는 강이다.

출애굽기는 그 옛날 히브리 사람들의 이야기가 아니라 오늘을 사는 바로 당신의 이야기이자 당신의 놀라운 승리를 위한 해답을 보여 주는 교과서이다.

고통 받는 이스라엘 사람들(The Israelites Oppressed, 1:1-22)

이집트의 총리였던 요셉으로 인하여 합법적으로 이집트로 이주한 이스라엘 사람들은 세월이 흘러 요셉을 알지 못하는 이집트 왕이 통치하는 나라에서 노예로 살아가게 된다. 이스라엘 사람들의 수적인 팽창을 염려했던 이집트의 파라오는 태어나는 이스라엘의 남자아이를 모두 나일 강에 던져 죽이라는 명령을 내린다.

이 세상은 하나님의 소유이지만 때가 될 때까지 사탄이 지배하는 땅이다. 운명적으로 하나님의 사람들은 하나님의 나라에 이를 때까지 이 땅에서 사탄과 싸워 이겨야 한다. 사탄은 강하지만 하나님의 사람들은 하나님을 신뢰하므로 사탄을 능히 이길 수 있다.

고난은 잠시이고 승리는 영원하다. 이스라엘 사람들이 살았던 삶을 통해 배워, 우리는 이 땅에서 승리하는 법을 터득해야 한다.

1:1 **These are the names of the sons of Israel**
이스라엘 아들들의 이름은 이러하니

These are the names of the sons of Israel **who went to Egypt with Jacob,**
야곱과 함께 애굽에 이른 이스라엘 아들들의 이름은 이러하니

These are the names of the sons of Israel who went to Egypt with Jacob, **each with his family:**
야곱과 함께 각각 자기 가족을 데리고 애굽에 이른 이스라엘 아들들의 이름은 이러하니

These are the names of the sons of Israel who went to Egypt with Jacob, each with his family:

1:2 **Reuben, Simeon, Levi and Judah;**
르우벤과 시므온과 레위와 유다와

Reuben, Simeon, Levi and Judah;

1:3 **Issachar, Zebulun and Benjamin;**

잇사갈과 스불론과 베냐민과

Issachar, Zebulun and Benjamin;

1:4 **Dan and Naphtali; Gad and Asher.**
단과 납달리와 갓과 아셀이요

Dan and Naphtali; Gad and Asher.

1:5 **The descendants of Jacob numbered seventy in all;**
야곱의 허리에서 나온 사람이 모두 칠십이요

The descendants of Jacob numbered seventy in all; **Joseph was already in Egypt.**
야곱의 허리에서 나온 사람이 모두 칠십이요 요셉은 애굽에 있었더라.

The descendants of Jacob numbered seventy in all; Joseph was already in Egypt.

1:6 **Now Joseph and all his brothers and all that generation died,**
요셉과 그의 모든 형제와 그 시대의 사람은 다 죽었고

Now Joseph and all his brothers and all that generation died,

1:7 **but the Israelites were fruitful**
이스라엘 자손은 생육하고

but the Israelites were fruitful **and multiplied greatly and became exceedingly numerous,**
이스라엘 자손은 생육하고 불어나 번성하고 매우 강하여

but the Israelites were fruitful and multiplied greatly and became exceedingly numerous, **so that the land was filled with them.**
이스라엘 자손은 생육하고 불어나 번성하고 매우 강하여 온 땅에 가득하게 되었더라.

but the Israelites were fruitful and multiplied greatly and became exceedingly numerous, so that the land was filled with them.

1:8 **Then a new king, who did not know about Joseph,**
요셉을 알지 못하는 새 왕이

Then a new king, who did not know about Joseph, **came to power in Egypt.**
요셉을 알지 못하는 새 왕이 일어나 애굽을 다스리더니

Then a new king, who did not know about Joseph, came to power in Egypt.

1:9 **"Look," he said to his people,**
그가 그 백성에게 이르되

"Look," he said to his people, **"the Israelites have become much too numerous for us.**
그가 그 백성에게 이르되 이 백성 이스라엘 자손이 우리보다 많고 강하도다.

"Look," he said to his people, "the Israelites have become much too numerous for us.

1:10 **Come, we must deal shrewdly with them**
자, 우리가 그들에게 대하여 지혜롭게 하자.

Come, we must deal shrewdly with them **or they will become even more numerous and,**
자, 우리가 그들에게 대하여 지혜롭게 하자. (두렵건대) 그들이 더 많게 되면

Come, we must deal shrewdly with them or they will become even more numerous and, **if war breaks out, will join our enemies,**
자, 우리가 그들에게 대하여 지혜롭게 하자. 두렵건대 그들이 더 많게 되면 전쟁이 일어날 때에 우리 대적과 합하여

Come, we must deal shrewdly with them or they will become even more numerous and, if war breaks out, will join our enemies, **fight against us and leave the country."**
자, 우리가 그들에게 대하여 지혜롭게 하자. 두렵건대 그들이 더 많게 되면 전쟁이 일어날 때에 우리 대적과 합하여 우리와 싸우고 이 땅에서 나갈까 하노라 하고

Come, we must deal shrewdly with them or they will become even more numerous and, if war breaks out, will join our enemies, fight against us and leave the country."

1:11 **So they put slave masters over them**
감독들을 그들 위에 세우고

So they put slave masters over them **to oppress them with forced labor,**
감독들을 그들 위에 세우고 그들에게 무거운 짐을 지워 괴롭게 하여

So they put slave masters over them to oppress them with forced labor, **and they built Pithom and Rameses as store cities**
감독들을 그들 위에 세우고 그들에게 무거운 짐을 지워 괴롭게 하여 그들에게 국고성 비돔과 라암셋을 건축하게 하니라.

So they put slave masters over them to oppress them with forced

labor, and they built Pithom and Rameses as store cities **for Pharaoh.**
감독들을 그들 위에 세우고 그들에게 무거운 짐을 지워 괴롭게 하여 그들에게 바로를 위하여 국고성 비돔과 라암셋을 건축하게 하니라.

So they put slave masters over them to oppress them with forced labor, and they built Pithom and Rameses as store cities for Pharaoh.

1:12 **But the more they were oppressed,**
그러나 학대를 받을수록

But the more they were oppressed, **the more they multiplied and spread;**
그러나 학대를 받을수록 더욱 번성하여 퍼져 나가니

But the more they were oppressed, the more they multiplied and spread; **so the Egyptians came to dread the Israelites**
그러나 학대를 받을수록 더욱 번성하여 퍼져 나가니 애굽 사람이 이스라엘 자손으로 말미암아 근심하여

But the more they were oppressed, the more they multiplied and spread; so the Egyptians came to dread the Israelites

1:13 **and worked them ruthlessly.**
이스라엘 자손에게 일을 엄하게 시켜

and worked them ruthlessly.

1:14 **They made their lives bitter with hard labor**
어려운 노동으로 그들의 생활을 괴롭게 하니

They made their lives bitter with hard labor **in brick and mortar**
어려운 노동으로 그들의 생활을 괴롭게 하니 곧 흙 이기기와 벽돌 굽기와

They made their lives bitter with hard labor in brick and mortar **and with all kinds of work in the fields;**
어려운 노동으로 그들의 생활을 괴롭게 하니 곧 흙 이기기와 벽돌 굽기와 농사의 여러 가지 일이라.

They made their lives bitter with hard labor in brick and mortar and with all kinds of work in the fields; **in all their hard labor the Egyptians used them ruthlessly.**
어려운 노동으로 그들의 생활을 괴롭게 하니 곧 흙 이기기와 벽돌 굽기와 농사의 여러 가지 일이라. 그 시키는 일이 모두 엄하였더라.

They made their lives bitter with hard labor in brick and mortar and with all kinds of work in the fields; in all their hard labor the Egyptians used them ruthlessly.

1:15 **The king of Egypt said to the Hebrew midwives,**
애굽 왕이 히브리 산파에게 말하여

The king of Egypt said to the Hebrew midwives, **whose names were Shiphrah and Puah,**
애굽 왕이 히브리 산파 십브라라 하는 사람과 부아라 하는 사람에게 말하여

The king of Egypt said to the Hebrew midwives, whose names were Shiphrah and Puah,

1:16 **"When you help the Hebrew women in childbirth**
이르되 너희는 히브리 여인을 위하여 해산을 도울 때에

"When you help the Hebrew women in childbirth **and observe**

them on the delivery stool,
이르되 너희는 히브리 여인을 위하여 해산을 도울 때에 그 자리를 살펴서

"When you help the Hebrew women in childbirth and observe them on the delivery stool, **if it is a boy, kill him;**
이르되 너희는 히브리 여인을 위하여 해산을 도울 때에 그 자리를 살펴서 아들이거든 그를 죽이고

"When you help the Hebrew women in childbirth and observe them on the delivery stool, if it is a boy, kill him; **but if it is a girl, let her live."**
이르되 너희는 히브리 여인을 위하여 해산을 도울 때에 그 자리를 살펴서 아들이거든 그를 죽이고 딸이거든 살려두라.

"When you help the Hebrew women in childbirth and observe them on the delivery stool, if it is a boy, kill him; but if it is a girl, let her live."

1:17 **The midwives, however, feared God**
그러나 산파들이 하나님을 두려워하여

The midwives, however, feared God **and did not do what the king of Egypt had told them to do;**
그러나 산파들이 하나님을 두려워하여 애굽 왕의 명령을 어기고

The midwives, however, feared God and did not do what the king of Egypt had told them to do; **they let the boys live.**
그러나 산파들이 하나님을 두려워하여 애굽 왕의 명령을 어기고 남자 아기들을 살린지라.

The midwives, however, feared God and did not do what the king of Egypt had told them to do; they let the boys live.

1:18 **Then the king of Egypt summoned the midwives and asked them,**
애굽 왕이 산파를 불러 그들에게 이르되

Then the king of Egypt summoned the midwives and asked them, **"Why have you done this?**
애굽 왕이 산파를 불러 그들에게 이르되 너희가 어찌하여 이같이 하였느냐?

Then the king of Egypt summoned the midwives and asked them, "Why have you done this? **Why have you let the boys live?"**
애굽 왕이 산파를 불러 그들에게 이르되 너희가 어찌하여 이같이 남자 아기들을 살렸느냐?

Then the king of Egypt summoned the midwives and asked them, "Why have you done this? Why have you let the boys live?"

1:19 **The midwives answered Pharaoh,**
산파가 바로에게 대답하되

The midwives answered Pharaoh, **"Hebrew women are not like Egyptian women;**
산파가 바로에게 대답하되 히브리 여인은 애굽 여인과 같지 아니하고

The midwives answered Pharaoh, "Hebrew women are not like Egyptian women; **they are vigorous**
산파가 바로에게 대답하되 히브리 여인은 애굽 여인과 같지 아니하고 건장하여

The midwives answered Pharaoh, "Hebrew women are not like Egyptian women; they are vigorous **and give birth before the midwives arrive."**
산파가 바로에게 대답하되 히브리 여인은 애굽 여인과 같지 아니하고 건장하여 산파가 그들에게 이르기 전에 해산하였더이다 하매

The midwives answered Pharaoh, "Hebrew women are not like Egyptian women; they are vigorous and give birth before the midwives arrive."

1:20 **So God was kind to the midwives**
하나님이 그 산파들에게 은혜를 베푸시니

So God was kind to the midwives **and the people increased**
하나님이 그 산파들에게 은혜를 베푸시니 그 백성은 번성하고

So God was kind to the midwives and the people increased **and became even more numerous.**
하나님이 그 산파들에게 은혜를 베푸시니 그 백성은 번성하고 매우 강해지니라.

So God was kind to the midwives and the people increased and became even more numerous.

1:21 **And because the midwives feared God,**
그 산파들은 하나님을 경외하였으므로

And because the midwives feared God, **he gave them families of their own.**
그 산파들은 하나님을 경외하였으므로 하나님이 그들의 집안을 흥왕하게 하신지라.

And because the midwives feared God, he gave them families of their own.

1:22 **Then Pharaoh gave this order to all his people:**
그러므로 바로가 그의 모든 백성에게 명령하여 이르되

Then Pharaoh gave this order to all his people: **"Every boy that is born you must throw into the Nile,**
그러므로 바로가 그의 모든 백성에게 명령하여 이르되 아들이 태어나거든 너희는 그를 나일 강에 던지고

Then Pharaoh gave this order to all his people: "Every boy that is born you must throw into the Nile, **but let every girl live."**
그러므로 바로가 그의 모든 백성에게 명령하여 이르되 아들이 태어나거든 너희는 그를 나일 강에 던지고 딸이거든 살려두라 하였더라.

Then Pharaoh gave this order to all his people: "Every boy that is born you must throw into the Nile, but let every girl live."

Israelite n. 야곱의 자손, 유대인 | exceedingly ad. 대단히, 몹시 | shrewdly ad. 빈틈없이 | ruthless a. 무자비한 | midwife n. 산파 | delivery n. 분만 | stool n. 의자 | summon v. 소환하다 | vigorous a. 기운찬

모세가 태어나다(The Birth of Moses, 2:1–10)

남자 아이가 태어나면 무조건 나일 강으로 던져야만 했던 시대. 레위 가문의 한 여인은 아들을 낳아 안으며 고통의 눈물을 삼켜야 했다. 자신의 한 목숨 부지하기 위해 애써 낳은 아들의 어린 몸을 부둥켜안고 강둑을 넘었던 뭇 어머니들과는 달리, 모세의 어머니 요게벳은 자신을 불사르는 한이 있더라도 그 아들을 살리리라 결심했다.

누구나 고귀한 사명을 띠고 이 땅에 태어난다. 스스로 그 가치를 붙잡지 못하면 모두가 세속이라는 나일 강으로 떨어져 버리고 만다. 그리고 몇 번을 빠져들고 몇 번을 떠오르다 사라지고 마는 것이 인생이다. 하지만 한 여인의 용기는 아들을 살려냈고 그 어머니의 믿음을 통해 하나님은 위대한 역사를 시작하신다.

당신의 행동이 당신이 서 있는 땅을 하나님 나라로 만들 수도 있고

먼지 날리는 쓰레기 매립장으로 만들 수도 있다.

2:1 **Now a man of the house of Levi**
레위 가족 중 한 사람이

Now a man of the house of Levi **married a Levite woman,**
레위 가족 중 한 사람이 가서 레위 여자에게 장가들어

Now a man of the house of Levi married a Levite woman,

2:2 **and she became pregnant and gave birth to a son.**
그 여자가 임신하여 아들을 낳으니

and she became pregnant and gave birth to a son. **When she saw that he was a fine child,**
그 여자가 임신하여 아들을 낳으니 그가 잘생긴 것을 보고

and she became pregnant and gave birth to a son. When she saw that he was a fine child, **she hid him for three months.**
그 여자가 임신하여 아들을 낳으니 그가 잘생긴 것을 보고 석 달 동안 그를 숨겼으나

and she became pregnant and gave birth to a son. When she saw that he was a fine child, she hid him for three months.

2:3 **But when she could hide him no longer,**
더 숨길 수 없게 되매

But when she could hide him no longer, **she got a papyrus basket for him**
더 숨길 수 없게 되매 그를 위하여 갈대 상자를 가져다가

But when she could hide him no longer, she got a papyrus basket for him **and coated it with tar and pitch.**
더 숨길 수 없게 되매 그를 위하여 갈대 상자를 가져다가 역청과 나무진을 칠하고

But when she could hide him no longer, she got a papyrus basket for him and coated it with tar and pitch. **Then she placed the child in it**
더 숨길 수 없게 되매 그를 위하여 갈대 상자를 가져다가 역청과 나무진을 칠하고 아기를 거기 담아

But when she could hide him no longer, she got a papyrus basket for him and coated it with tar and pitch. Then she placed the child in it **and put it among the reeds along the bank of the Nile.**
더 숨길 수 없게 되매 그를 위하여 갈대 상자를 가져다가 역청과 나무진을 칠하고 아기를 거기 담아 나일 강가 갈대 사이에 두고

But when she could hide him no longer, she got a papyrus basket for him and coated it with tar and pitch. Then she placed the child in it and put it among the reeds along the bank of the Nile.

2:4 **His sister stood at a distance to see**
그의 누이가 알려고 멀리 섰더니

His sister stood at a distance to see **what would happen to him.**
그의 누이가 어떻게 되는지를 알려고 멀리 섰더니

His sister stood at a distance to see what would happen to him.

2:5 **Then Pharaoh's daughter went down to the Nile to bathe,**
바로의 딸이 목욕하러 나일 강으로 내려오고

Then Pharaoh's daughter went down to the Nile to bathe, **and her attendants were walking along the river bank.**
바로의 딸이 목욕하러 나일 강으로 내려오고 시녀들은 나일 강가를 거닐 때에

Then Pharaoh's daughter went down to the Nile to bathe, and her attendants were walking along the river bank. **She saw the basket among the reeds**
바로의 딸이 목욕하러 나일 강으로 내려오고 시녀들은 나일 강가를 거닐 때에 그가 갈대 사이의 상자를 보고

Then Pharaoh's daughter went down to the Nile to bathe, and her attendants were walking along the river bank. She saw the basket among the reeds **and sent her slave girl to get it.**
바로의 딸이 목욕하러 나일 강으로 내려오고 시녀들은 나일 강가를 거닐 때에 그가 갈대 사이의 상자를 보고 시녀를 보내어 가져다가

Then Pharaoh's daughter went down to the Nile to bathe, and her attendants were walking along the river bank. She saw the basket among the reeds and sent her slave girl to get it.

2:6 **She opened it and saw the baby.**
열고 그 아기를 보니

She opened it and saw the baby. **He was crying, and she felt sorry for him.**
열고 그 아기를 보니 아기가 우는지라. 그가 그를 불쌍히 여겨

She opened it and saw the baby. He was crying, and she felt sorry for him. **"This is one of the Hebrew babies," she said.**
열고 그 아기를 보니 아기가 우는지라. 그가 그를 불쌍히 여겨 이르되 이는 히브리 사람의 아기로다.

She opened it and saw the baby. He was crying, and she felt sorry for him. "This is one of the Hebrew babies," she said.

2:7 **Then his sister asked Pharaoh's daughter,**
그의 누이가 바로의 딸에게 이르되

Then his sister asked Pharaoh's daughter, **"Shall I go and get one of the Hebrew women**
그의 누이가 바로의 딸에게 이르되 내가 가서 히브리 여인 중에서 유모를 불러다가

Then his sister asked Pharaoh's daughter, "Shall I go and get one of the Hebrew women **to nurse the baby for you?"**
그의 누이가 바로의 딸에게 이르되 내가 가서 당신을 위하여 히브리 여인 중에서 유모를 불러다가 이 아기에게 젖을 먹이게 하리이까?

Then his sister asked Pharaoh's daughter, "Shall I go and get one of the Hebrew women to nurse the baby for you?"

2:8 **"Yes, go," she answered.**
바로의 딸이 그에게 이르되 가라 하매

"Yes, go," she answered. **And the girl went and got the baby's mother.**
바로의 딸이 그에게 이르되 가라 하매 그 소녀가 가서 그 아기의 어머니를 불러오니

"Yes, go," she answered. And the girl went and got the baby's mother.

2:9 **Pharaoh's daughter said to her,**

바로의 딸이 그에게 이르되

Pharaoh's daughter said to her, **"Take this baby and nurse him for me,**
바로의 딸이 그에게 이르되 이 아기를 데려다가 나를 위하여 젖을 먹이라.

Pharaoh's daughter said to her, "Take this baby and nurse him for me, **and I will pay you."**
바로의 딸이 그에게 이르되 이 아기를 데려다가 나를 위하여 젖을 먹이라. 내가 그 삯을 주리라.

Pharaoh's daughter said to her, "Take this baby and nurse him for me, and I will pay you." **So the woman took the baby and nursed him.**
바로의 딸이 그에게 이르되 이 아기를 데려다가 나를 위하여 젖을 먹이라 내가 그 삯을 주리라. 여인이 아기를 데려다가 젖을 먹이더니

Pharaoh's daughter said to her, "Take this baby and nurse him for me, and I will pay you." So the woman took the baby and nursed him.

2:10 **When the child grew older,**
그 아기가 자라매

When the child grew older, **she took him to Pharaoh's daughter and he became her son.**
그 아기가 자라매 바로의 딸에게로 데려가니 그가 그의 아들이 되니라.

When the child grew older, she took him to Pharaoh's daughter and he became her son. **She named him Moses,**
그 아기가 자라매 바로의 딸에게로 데려가니 그가 그의 아들이 되니라. 그가 그의 이름을 모세라 하여

When the child grew older, she took him to Pharaoh's daughter and he became her son. She named him Moses, **saying, "I drew him out of the water."**
그 아기가 자라매 바로의 딸에게로 데려가니 그가 그의 아들이 되니라. 그가 그의 이름을 모세라 하여 이르되 이는 내가 그를 물에서 건져내었음이라 하였더라.

When the child grew older, she took him to Pharaoh's daughter and he became her son. She named him Moses, saying, "I drew him out of the water."

pitch n. 나무진, 송진 | **attendant** n. 시중 드는 사람

홍해를 건너다(Crossing the Sea, 13:17–14:31)

이집트의 파라오가 통치하는 땅을 떠나 광야로 들어서는 것은 세속의 땅에서 하나님을 왕으로 섬기기를 선택하는 행위이다. 그러기 위해서는 홍해를 건너야 한다. 그것은 곧 그리스도를 주로 모시기로 결정하고 세례를 받는 것으로 이어지는 일이다.

홍해를 건너는 일에는 믿음이 필요하다. 이것은 하나님을 온 세상의 주인으로 고백하며 믿음으로 그리스도를 구원자로 받아들이는 일이다.

행위가 아닌 믿음만이 홍해를 여는 열쇠이다. 믿음은 구원받는 유일한 정신적 행위이다.

홍해 앞의 모세에게 하나님은 말씀하셨다. "너는 어찌하여 (홍해가 열리기를 바라며) 내게 부르짖느냐? 이스라엘 자손에게 명령하여 앞으로 나아가게 하고 지팡이를 들고 손을 바다 위로 내밀어 그것이 갈라지게 하라. 이스라엘 자손이 바다 가운데서 마른 땅으로 행하리라."

구원의 역사는 믿음을 활용하여 행하는 것이다. 홍해 앞에서 우리가 해야 할 일은 절대적인 믿음으로 그분을 신뢰하며 믿음의 행동을 하는 것이다.

13:17 **When Pharaoh let the people go,**
바로가 백성을 보낸 후에

When Pharaoh let the people go, **God did not lead them on the road through the Philistine country,**
바로가 백성을 보낸 후에 하나님이 그들을 그 블레셋 사람의 땅의 길로 인도하지 아니하셨으니

When Pharaoh let the people go, God did not lead them on the road through the Philistine country, **though that was shorter.**
바로가 백성을 보낸 후에 블레셋 사람의 땅의 길은 가까울지라도 하나님이 그들을 그 길로 인도하지 아니하셨으니

When Pharaoh let the people go, God did not lead them on the road through the Philistine country, though that was shorter. **For God said, "If they face war,**
바로가 백성을 보낸 후에 블레셋 사람의 땅의 길은 가까울지라도 하나님이 그들을 그 길로 인도하지 아니하셨으니 이는 하나님이 말씀하시기를 이 백성이 전쟁을 하게 되면

When Pharaoh let the people go, God did not lead them on the road through the Philistine country, though that was shorter. For God said, "If they face war, **they might change their minds and return to Egypt."**
바로가 백성을 보낸 후에 블레셋 사람의 땅의 길은 가까울지라도 하나님이 그들을 그 길로 인도하지 아니하셨으니 이는 하나님이 말씀하시기를 이 백성이 전쟁을 하게 되면 마음을 돌이켜 애굽으로 돌아갈까 하셨음이라.

When Pharaoh let the people go, God did not lead them on the road through the Philistine country, though that was shorter. For God said, "If they face war, they might change their minds and return to Egypt."

13:18 **So God led the people around by the desert road**
그러므로 하나님이 광야 길로 돌려 백성을 인도하시매

So God led the people around by the desert road **toward the Red Sea.**
그러므로 하나님이 홍해의 광야 길로 돌려 백성을 인도하시매

So God led the people around by the desert road toward the Red Sea. **The Israelites went up out of Egypt**
그러므로 하나님이 홍해의 광야 길로 돌려 백성을 인도하시매 이스라엘 자손이 애굽 땅에서 나올 때에

So God led the people around by the desert road toward the Red Sea. The Israelites went up out of Egypt **armed for battle.**
그러므로 하나님이 홍해의 광야 길로 돌려 백성을 인도하시매 이스라엘 자손이 애굽 땅에서 대열을 지어 나올 때에

So God led the people around by the desert road toward the Red Sea. The Israelites went up out of Egypt armed for battle.

13:19 **Moses took the bones of Joseph with him**
모세가 요셉의 유골을 가졌으니

Moses took the bones of Joseph with him **because Joseph had made the sons of Israel swear an oath.**
모세가 요셉의 유골을 가졌으니 이는 요셉이 이스라엘 자손으로 단단히 맹세하게 하여

Moses took the bones of Joseph with him because Joseph had made the sons of Israel swear an oath. **He had said, "God will surely come to your aid,**
모세가 요셉의 유골을 가졌으니 이는 요셉이 이스라엘 자손으로 단단히 맹세하게 하여 이르기를 하나님이 반드시 너희를 찾아오시리니

Moses took the bones of Joseph with him because Joseph had made the sons of Israel swear an oath. He had said, "God will surely come to your aid, **and then you must carry my bones up with you from this place."**
모세가 요셉의 유골을 가졌으니 이는 요셉이 이스라엘 자손으로 단단히 맹세하게 하여 이르기를 하나님이 반드시 너희를 찾아오시리니 너희는 내 유골을 여기서 가지고 나가라 하였음이더라.

Moses took the bones of Joseph with him because Joseph had made the sons of Israel swear an oath. He had said, "God will surely come to your aid, and then you must carry my bones up with you from this place."

13:20 **After leaving Succoth they camped at Etham**
그들이 숙곳을 떠나서 에담에 장막을 치니

After leaving Succoth they camped at Etham **on the edge of the desert.**
그들이 숙곳을 떠나서 광야 끝 에담에 장막을 치니

After leaving Succoth they camped at Etham on the edge of the desert.

13:21 **By day the LORD went ahead of them**
낮에는 여호와께서 그들 앞에서 가시며

By day the LORD went ahead of them **in a pillar of cloud to guide them on their way**
여호와께서 그들 앞에서 가시며 낮에는 구름 기둥으로 그들의 길을 인도하시고

By day the LORD went ahead of them in a pillar of cloud to guide

them on their way **and by night in a pillar of fire to give them light,**
여호와께서 그들 앞에서 가시며 낮에는 구름 기둥으로 그들의 길을 인도하시고 밤에는 불 기둥을 그들에게 비추사

By day the LORD went ahead of them in a pillar of cloud to guide them on their way and by night in a pillar of fire to give them light, **so that they could travel by day or night.**
여호와께서 그들 앞에서 가시며 낮에는 구름 기둥으로 그들의 길을 인도하시고 밤에는 불 기둥을 그들에게 비추사 낮이나 밤이나 진행하게 하시니

By day the LORD went ahead of them in a pillar of cloud to guide them on their way and by night in a pillar of fire to give them light, so that they could travel by day or night.

13:22 **Neither the pillar of cloud by day**

낮에는 구름 기둥

Neither the pillar of cloud by day **nor the pillar of fire by night**
낮에는 구름 기둥, 밤에는 불 기둥이

Neither the pillar of cloud by day nor the pillar of fire by night **left its place in front of the people.**
낮에는 구름 기둥, 밤에는 불 기둥이 백성 앞에서 떠나지 아니하니라.

Neither the pillar of cloud by day nor the pillar of fire by night left its place in front of the people.

14:1 **Then the LORD said to Moses,**
여호와께서 모세에게 말씀하여 이르시되

Then the LORD said to Moses,

14:2 **“Tell the Israelites to turn back**
이스라엘 자손에게 명령하여 돌이켜

“Tell the Israelites to turn back **and encamp near Pi Hahiroth, between Migdol and the sea.**
이스라엘 자손에게 명령하여 돌이켜 바다와 믹돌 사이의 비하히롯에 장막을 치게 하라.

“Tell the Israelites to turn back and encamp near Pi Hahiroth, between Migdol and the sea. **They are to encamp by the sea, directly opposite Baal Zephon.**
이스라엘 자손에게 명령하여 돌이켜 바다와 믹돌 사이의 비하히롯 앞 곧 바알스본 맞은편 바닷가에 장막을 치게 하라.

“Tell the Israelites to turn back and encamp near Pi Hahiroth, between Migdol and the sea. They are to encamp by the sea, directly opposite Baal Zephon.

14:3 **Pharaoh will think, ‘The Israelites are wandering around the land in confusion,**
바로가 이스라엘 자손에 대하여 말하기를 그들이 그 땅에서 멀리 떠났다 하리라.

Pharaoh will think, ‘The Israelites are wandering around the land in confusion, **hemmed in by the desert.’**
바로가 이스라엘 자손에 대하여 말하기를 그들이 그 땅에서 멀리 떠나 광야에 갇힌바 되었다 하리라.

Pharaoh will think, ‘The Israelites are wandering around the land in confusion, hemmed in by the desert.’

14:4 **And I will harden Pharaoh’s heart,**

내가 바로의 마음을 완악하게 한즉

And I will harden Pharaoh's heart, **and he will pursue them.**
내가 바로의 마음을 완악하게 한즉 바로가 그들의 뒤를 따르리니

And I will harden Pharaoh's heart, and he will pursue them. **But I will gain glory for myself through Pharaoh and all his army,**
내가 바로의 마음을 완악하게 한즉 바로가 그들의 뒤를 따르리니 내가 그와 그의 온 군대로 말미암아 영광을 얻어

And I will harden Pharaoh's heart, and he will pursue them. But I will gain glory for myself through Pharaoh and all his army, **and the Egyptians will know that I am the LORD."**
내가 바로의 마음을 완악하게 한즉 바로가 그들의 뒤를 따르리니 내가 그와 그의 온 군대로 말미암아 영광을 얻어 애굽 사람들이 나를 여호와인 줄 알게 하리라 하시매

And I will harden Pharaoh's heart, and he will pursue them. But I will gain glory for myself through Pharaoh and all his army, and the Egyptians will know that I am the LORD." **So the Israelites did this.**
내가 바로의 마음을 완악하게 한즉 바로가 그들의 뒤를 따르리니 내가 그와 그의 온 군대로 말미암아 영광을 얻어 애굽 사람들이 나를 여호와인 줄 알게 하리라 하시매 무리가 그대로 행하니라.

And I will harden Pharaoh's heart, and he will pursue them. But I will gain glory for myself through Pharaoh and all his army, and the Egyptians will know that I am the LORD." So the Israelites did this.

14:5 **When the king of Egypt was told**
애굽 왕에게 알려지매

When the king of Egypt was told **that the people had fled,**
그 백성이 도망한 사실이 애굽 왕에게 알려지매

When the king of Egypt was told that the people had fled, **Pharaoh and his officials changed their minds about them**
그 백성이 도망한 사실이 애굽 왕에게 알려지매 바로와 그의 신하들이 그 백성에 대하여 마음이 변하여

When the king of Egypt was told that the people had fled, Pharaoh and his officials changed their minds about them **and said, "What have we done?**
그 백성이 도망한 사실이 애굽 왕에게 알려지매 바로와 그의 신하들이 그 백성에 대하여 마음이 변하여 이르되 우리가 어찌 이같이 하여

When the king of Egypt was told that the people had fled, Pharaoh and his officials changed their minds about them and said, "What have we done? **We have let the Israelites go**
그 백성이 도망한 사실이 애굽 왕에게 알려지매 바로와 그의 신하들이 그 백성에 대하여 마음이 변하여 이르되 우리가 어찌 이같이 하여 이스라엘을 보내었는가 하고

When the king of Egypt was told that the people had fled, Pharaoh and his officials changed their minds about them and said, "What have we done? We have let the Israelites go **and have lost their services!"**
그 백성이 도망한 사실이 애굽 왕에게 알려지매 바로와 그의 신하들이 그 백성에 대하여 마음이 변하여 이르되 우리가 어찌 이같이 하여 이스라엘을 우리를 섬김에서 놓아 보내었는가 하고

When the king of Egypt was told that the people had fled, Pharaoh and his officials changed their minds about them and said, "What have we done? We have let the Israelites go and have lost their services!"

14:6 **So he had his chariot made ready**
바로가 곧 그의 병거를 갖추고

So he had his chariot made ready **and took his army with him.**
바로가 곧 그의 병거를 갖추고 그의 백성을 데리고 갈새

So he had his chariot made ready and took his army with him.

14:7 **He took six hundred of the best chariots,**
선발된 병거 육백 대와

He took six hundred of the best chariots, **along with all the other chariots of Egypt,**
선발된 병거 육백 대와 애굽의 모든 병거를 동원하니

He took six hundred of the best chariots, along with all the other chariots of Egypt, **with officers over all of them.**
선발된 병거 육백 대와 애굽의 모든 병거를 동원하니 지휘관들이 다 거느렸더라.

He took six hundred of the best chariots, along with all the other chariots of Egypt, with officers over all of them.

14:8 **The LORD hardened the heart of Pharaoh king of Egypt,**
여호와께서 애굽 왕 바로의 마음을 완악하게 하셨으므로

The LORD hardened the heart of Pharaoh king of Egypt, **so that he pursued the Israelites,**
여호와께서 애굽 왕 바로의 마음을 완악하게 하셨으므로 그가 이스라엘 자손의 뒤를 따르니

The LORD hardened the heart of Pharaoh king of Egypt, so that he pursued the Israelites, **who were marching out boldly.**
여호와께서 애굽 왕 바로의 마음을 완악하게 하셨으므로 그가 이스라엘 자손의 뒤를 따르니 이스라엘 자손이 담대히 나갔음이라.

The LORD hardened the heart of Pharaoh king of Egypt, so that he pursued the Israelites, who were marching out boldly.

14:9 **The Egyptians—all Pharaoh's horses and chariots,**
애굽 사람들과 바로의 말들, 병거들과

The Egyptians—all Pharaoh's horses and chariots, **horsemen and troops**
애굽 사람들과 바로의 말들, 병거들과 그 마병과 그 군대가

The Egyptians—all Pharaoh's horses and chariots, horsemen and troops—**pursued the Israelites and overtook them**
애굽 사람들과 바로의 말들, 병거들과 그 마병과 그 군대가 그들의 뒤를 따라

The Egyptians—all Pharaoh's horses and chariots, horsemen and troops—pursued the Israelites and overtook them **as they camped by the sea near Pi Hahiroth,**
애굽 사람들과 바로의 말들, 병거들과 그 마병과 그 군대가 그들의 뒤를 따라 비하히롯 곁 해변 그들이 장막 친 데에 미치니라.

The Egyptians—all Pharaoh's horses and chariots, horsemen and troops—pursued the Israelites and overtook them as they camped by the sea near Pi Hahiroth, **opposite Baal Zephon.**
애굽 사람들과 바로의 말들, 병거들과 그 마병과 그 군대가 그들의 뒤를 따라 바알스본 맞은편 비하히롯 곁 해변 그들이 장막 친 데에 미치니라.

The Egyptians—all Pharaoh's horses and chariots, horsemen and troops—pursued the Israelites and overtook them as they camped by the sea near Pi Hahiroth, opposite Baal Zephon.

14:10 **As Pharaoh approached, the Israelites looked up,**
바로가 가까이 올 때에 이스라엘 자손이 눈을 들어 본즉

As Pharaoh approached, the Israelites looked up, **and there were the Egyptians, marching after them.**
바로가 가까이 올 때에 이스라엘 자손이 눈을 들어 본즉 애굽 사람들이 자기들 뒤에 이른지라.

As Pharaoh approached, the Israelites looked up, and there were the Egyptians, marching after them. **They were terrified and cried out to the LORD.**
바로가 가까이 올 때에 이스라엘 자손이 눈을 들어 본즉 애굽 사람들이 자기들 뒤에 이른지라. 이스라엘 자손이 심히 두려워하여 여호와께 부르짖고

As Pharaoh approached, the Israelites looked up, and there were the Egyptians, marching after them. They were terrified and cried out to the LORD.

14:11 **They said to Moses, "Was it because there were no graves in Egypt**
그들이 또 모세에게 이르되 애굽에 매장지가 없어서

They said to Moses, "Was it because there were no graves in Egypt **that you brought us to the desert to die?**
그들이 또 모세에게 이르되 애굽에 매장지가 없어서 당신이 우리를 이끌어 내어 이 광야에서 죽게 하느냐.

They said to Moses, "Was it because there were no graves in Egypt that you brought us to the desert to die? **What have you done to us by bringing us out of Egypt?**
그들이 또 모세에게 이르되 애굽에 매장지가 없어서 당신이 우리를 이끌어 내어 이 광야에서 죽게 하느냐. 어찌하여 당신이 우리를 애굽에서 이끌어 내어 우리에게 이같이 하느냐.

They said to Moses, "Was it because there were no graves in Egypt that you brought us to the desert to die? What have you done to us by bringing us out of Egypt?

14:12 **Didn't we say to you in Egypt,**
우리가 애굽에서 당신에게 이른 말이 이것이 아니냐.

Didn't we say to you in Egypt, **'Leave us alone; let us serve the Egyptians'?**
우리가 애굽에서 당신에게 이른 말이 이것이 아니냐. 이르기를 우리를 내버려 두라. 우리가 애굽 사람을 섬길 것이라 하지 아니하더냐.

Didn't we say to you in Egypt, 'Leave us alone; let us serve the Egyptians'? **It would have been better for us to serve the Egyptians**
우리가 애굽에서 당신에게 이른 말이 이것이 아니냐. 이르기를 우리를 내버려 두라. 우리가 애굽 사람을 섬길 것이라 하지 아니하더냐. 애굽 사람을 섬기는 것이 낫겠노라.

Didn't we say to you in Egypt, 'Leave us alone; let us serve the Egyptians'? It would have been better for us to serve the Egyptians **than to die in the desert!"**
우리가 애굽에서 당신에게 이른 말이 이것이 아니냐. 이르기를 우리를 내버려 두라. 우리가 애굽 사람을 섬길 것이라 하지 아니하더냐. 애굽 사람을 섬기는 것이 광야에서 죽는 것보다 낫겠노라.

Didn't we say to you in Egypt, 'Leave us alone; let us serve the Egyptians'? It would have been better for us to serve the Egyptians than to die in the desert!"

14:13 **Moses answered the people, "Do not be afraid.**
모세가 백성에게 이르되 너희는 두려워하지 말고

Moses answered the people, "Do not be afraid. **Stand firm and you will see the deliverance**
모세가 백성에게 이르되 너희는 두려워하지 말고 가만히 서서 구원을 보라.

Moses answered the people, "Do not be afraid. Stand firm and

you will see the deliverance **the LORD will bring you today.**
모세가 백성에게 이르되 너희는 두려워하지 말고 가만히 서서 여호와께서 오늘 너희를 위하여 행하시는 구원을 보라.

Moses answered the people, "Do not be afraid. Stand firm and you will see the deliverance the LORD will bring you today. **The Egyptians you see today you will never see again.**
모세가 백성에게 이르되 너희는 두려워하지 말고 가만히 서서 여호와께서 오늘 너희를 위하여 행하시는 구원을 보라. 너희가 오늘 본 애굽 사람을 영원히 다시 보지 아니하리라.

Moses answered the people, "Do not be afraid. Stand firm and you will see the deliverance the LORD will bring you today. The Egyptians you see today you will never see again.

14:14 **The LORD will fight for you;**
여호와께서 너희를 위하여 싸우시리니

The LORD will fight for you; **you need only to be still."**
여호와께서 너희를 위하여 싸우시리니 너희는 가만히 있을지니라.

The LORD will fight for you; you need only to be still."

14:15 **Then the LORD said to Moses, "Why are you crying out to me?**
여호와께서 모세에게 이르시되 너는 어찌하여 내게 부르짖느냐.

Then the LORD said to Moses, "Why are you crying out to me? **Tell the Israelites to move on.**
여호와께서 모세에게 이르시되 너는 어찌하여 내게 부르짖느냐. 이스라엘 자손에게 명령하여 앞으로 나아가게 하고

Then the LORD said to Moses, "Why are you crying out to me? Tell

the Israelites to move on.

14:16 **Raise your staff and stretch out your hand over the sea**
지팡이를 들고 손을 바다 위로 내밀어

Raise your staff and stretch out your hand over the sea **to divide the water**
지팡이를 들고 손을 바다 위로 내밀어 그것이 갈라지게 하라.

Raise your staff and stretch out your hand over the sea to divide the water **so that the Israelites can go through the sea**
지팡이를 들고 손을 바다 위로 내밀어 그것이 갈라지게 하라. 이스라엘 자손이 바다 가운데로 행하리라.

Raise your staff and stretch out your hand over the sea to divide the water so that the Israelites can go through the sea **on dry ground.**
지팡이를 들고 손을 바다 위로 내밀어 그것이 갈라지게 하라. 이스라엘 자손이 바다 가운데서 마른 땅으로 행하리라.

Raise your staff and stretch out your hand over the sea to divide the water so that the Israelites can go through the sea on dry ground.

14:17 **I will harden the hearts of the Egyptians**
내가 애굽 사람들의 마음을 완악하게 할 것인즉

I will harden the hearts of the Egyptians **so that they will go in after them.**
내가 애굽 사람들의 마음을 완악하게 할 것인즉 그들이 그 뒤를 따라 들어갈 것이라.

I will harden the hearts of the Egyptians so that they will go in

after them. **And I will gain glory through Pharaoh and all his army,**
내가 애굽 사람들의 마음을 완악하게 할 것인즉 그들이 그 뒤를 따라 들어 갈 것이라. 내가 바로와 그의 모든 군대로 말미암아 영광을 얻으리니

I will harden the hearts of the Egyptians so that they will go in after them. And I will gain glory through Pharaoh and all his army, **through his chariots and his horsemen.**
내가 애굽 사람들의 마음을 완악하게 할 것인즉 그들이 그 뒤를 따라 들어 갈 것이라. 내가 바로와 그의 모든 군대와 그의 병거와 마병으로 말미암아 영광을 얻으리니

I will harden the hearts of the Egyptians so that they will go in after them. And I will gain glory through Pharaoh and all his army, through his chariots and his horsemen.

14:18 **The Egyptians will know that I am the LORD**
애굽 사람들이 나를 여호와인 줄 알리라 하시더니

The Egyptians will know that I am the LORD **when I gain glory through Pharaoh,**
내가 바로로 말미암아 영광을 얻을 때에야 애굽 사람들이 나를 여호와인 줄 알리라 하시더니

The Egyptians will know that I am the LORD when I gain glory through Pharaoh, **his chariots and his horsemen."**
내가 바로와 그의 병거와 마병으로 말미암아 영광을 얻을 때에야 애굽 사람들이 나를 여호와인 줄 알리라 하시더니

The Egyptians will know that I am the LORD when I gain glory through Pharaoh, his chariots and his horsemen."

14:19 **Then the angel of God,**

하나님의 사자가

Then the angel of God, **who had been traveling in front of Israel's army,**
이스라엘 진 앞에 가던 하나님의 사자가

Then the angel of God, who had been traveling in front of Israel's army, **withdrew and went behind them.**
이스라엘 진 앞에 가던 하나님의 사자가 그들의 뒤로 옮겨 가매

Then the angel of God, who had been traveling in front of Israel's army, withdrew and went behind them. **The pillar of cloud also moved from in front and stood behind them,**
이스라엘 진 앞에 가던 하나님의 사자가 그들의 뒤로 옮겨 가매 구름 기둥도 앞에서 그 뒤로 옮겨

Then the angel of God, who had been traveling in front of Israel's army, withdrew and went behind them. The pillar of cloud also moved from in front and stood behind them,

139

14:20 **coming between the armies of Egypt and Israel.**
애굽 진과 이스라엘 진 사이에 이르러 서니

coming between the armies of Egypt and Israel. **Throughout the night the cloud brought darkness**
애굽 진과 이스라엘 진 사이에 이르러 서니 구름과 흑암이 있고

coming between the armies of Egypt and Israel. Throughout the night the cloud brought darkness **to the one side**
애굽 진과 이스라엘 진 사이에 이르러 서니 저쪽에는 구름과 흑암이 있고

coming between the armies of Egypt and Israel. Throughout the night the cloud brought darkness to the one side **and light to the**

other side;
애굽 진과 이스라엘 진 사이에 이르러 서니 저쪽에는 구름과 흑암이 있고
이쪽에는 밤이 밝으므로

coming between the armies of Egypt and Israel. Throughout the night the cloud brought darkness to the one side and light to the other side; **so neither went near the other all night long.**
애굽 진과 이스라엘 진 사이에 이르러 서니 저쪽에는 구름과 흑암이 있고 이쪽에는 밤이 밝으므로 밤새도록 저쪽이 이쪽에 가까이 못하였더라.

coming between the armies of Egypt and Israel. Throughout the night the cloud brought darkness to the one side and light to the other side; so neither went near the other all night long.

14:21 **Then Moses stretched out his hand over the sea,**
모세가 바다 위로 손을 내밀매

Then Moses stretched out his hand over the sea, **and all that night the LORD drove the sea back**
모세가 바다 위로 손을 내밀매 여호와께서 밤새도록 바닷물을 물러가게 하시니

Then Moses stretched out his hand over the sea, and all that night the LORD drove the sea back **with a strong east wind**
모세가 바다 위로 손을 내밀매 여호와께서 큰 동풍이 밤새도록 바닷물을 물러가게 하시니

Then Moses stretched out his hand over the sea, and all that night the LORD drove the sea back with a strong east wind **and turned it into dry land.**
모세가 바다 위로 손을 내밀매 여호와께서 큰 동풍이 밤새도록 바닷물을 물러가게 하시니 바다가 마른 땅이 된지라.

Then Moses stretched out his hand over the sea, and all that night the LORD drove the sea back with a strong east wind and turned it into dry land. **The waters were divided,**
모세가 바다 위로 손을 내밀매 여호와께서 큰 동풍이 밤새도록 바닷물을 물러가게 하시니 물이 갈라져 바다가 마른 땅이 된지라.

Then Moses stretched out his hand over the sea, and all that night the LORD drove the sea back with a strong east wind and turned it into dry land. The waters were divided,

14:22 **and the Israelites went through the sea on dry ground,**
이스라엘 자손이 바다 가운데를 육지로 걸어가고

and the Israelites went through the sea on dry ground, **with a wall of water on their right and on their left.**
이스라엘 자손이 바다 가운데를 육지로 걸어가고 물은 그들의 좌우에 벽이 되니

and the Israelites went through the sea on dry ground, with a wall of water on their right and on their left.

14:23 **The Egyptians pursued them,**
애굽 사람들이 그들의 뒤를 추격하여

The Egyptians pursued them, **and all Pharaoh's horses and chariots and horsemen**
애굽 사람들과 바로의 말들, 병거들과 그 마병들이 다 그들의 뒤를 추격하여

The Egyptians pursued them, and all Pharaoh's horses and chariots and horsemen **followed them into the sea.**
애굽 사람들과 바로의 말들, 병거들과 그 마병들이 다 그들의 뒤를 추격하여 바다 가운데로 들어오는지라.

The Egyptians pursued them, and all Pharaoh's horses and chariots and horsemen followed them into the sea.

14:24 **During the last watch of the night**
새벽에

During the last watch of the night **the LORD looked down from the pillar of fire and cloud at the Egyptian army**
새벽에 여호와께서 불과 구름 기둥 가운데서 애굽 군대를 보시고

During the last watch of the night the LORD looked down from the pillar of fire and cloud at the Egyptian army **and threw it into confusion.**
새벽에 여호와께서 불과 구름 기둥 가운데서 애굽 군대를 보시고 애굽 군대를 어지럽게 하시며

During the last watch of the night the LORD looked down from the pillar of fire and cloud at the Egyptian army and threw it into confusion.

14:25 **He made the wheels of their chariots come off**
그들의 병거 바퀴를 벗겨서

He made the wheels of their chariots come off **so that they had difficulty driving.**
그들의 병거 바퀴를 벗겨서 달리기가 어렵게 하시니

He made the wheels of their chariots come off so that they had difficulty driving. **And the Egyptians said, "Let's get away from the Israelites!**
그들의 병거 바퀴를 벗겨서 달리기가 어렵게 하시니 애굽 사람들이 이르되 이스라엘 앞에서 우리가 도망하자.

He made the wheels of their chariots come off so that they had difficulty driving. And the Egyptians said, "Let's get away from the Israelites! **The LORD is fighting for them against Egypt."**
그들의 병거 바퀴를 벗겨서 달리기가 어렵게 하시니 애굽 사람들이 이르되 이스라엘 앞에서 우리가 도망하자. 여호와가 그들을 위하여 싸워 애굽 사람들을 치는도다.

He made the wheels of their chariots come off so that they had difficulty driving. And the Egyptians said, "Let's get away from the Israelites! The LORD is fighting for them against Egypt."

14:26 **Then the LORD said to Moses, "Stretch out your hand over the sea**
여호와께서 모세에게 이르시되 네 손을 바다 위로 내밀어

Then the LORD said to Moses, "Stretch out your hand over the sea **so that the waters may flow back over the Egyptians**
여호와께서 모세에게 이르시되 네 손을 바다 위로 내밀어 물이 애굽 사람들 위에 다시 흐르게 하라 하시니

Then the LORD said to Moses, "Stretch out your hand over the sea so that the waters may flow back over the Egyptians **and their chariots and horsemen."**
여호와께서 모세에게 이르시되 네 손을 바다 위로 내밀어 물이 애굽 사람들과 그들의 병거들과 마병들 위에 다시 흐르게 하라 하시니

Then the LORD said to Moses, "Stretch out your hand over the sea so that the waters may flow back over the Egyptians and their chariots and horsemen."

14:27 **Moses stretched out his hand over the sea,**
모세가 곧 손을 바다 위로 내밀매

Moses stretched out his hand over the sea, **and at daybreak the sea went back to its place.**
모세가 곧 손을 바다 위로 내밀매 새벽이 되어 바다의 힘이 회복된지라.

Moses stretched out his hand over the sea, and at daybreak the sea went back to its place. **The Egyptians were fleeing toward it,**
모세가 곧 손을 바다 위로 내밀매 새벽이 되어 바다의 힘이 회복된지라. 애굽 사람들이 물을 거슬러 도망하나

Moses stretched out his hand over the sea, and at daybreak the sea went back to its place. The Egyptians were fleeing toward it, **and the LORD swept them into the sea.**
모세가 곧 손을 바다 위로 내밀매 새벽이 되어 바다의 힘이 회복된지라. 애굽 사람들이 물을 거슬러 도망하나 여호와께서 애굽 사람들을 바다 가운데 엎으시니

Moses stretched out his hand over the sea, and at daybreak the sea went back to its place. The Egyptians were fleeing toward it, and the LORD swept them into the sea.

14:28 **The water flowed back and covered the chariots and horsemen**
물이 다시 흘러 병거들과 기병들을 덮되

The water flowed back and covered the chariots and horsemen—**the entire army of Pharaoh that had followed the Israelites into the sea.**
물이 다시 흘러 병거들과 기병들을 덮되 그들의 뒤를 따라 바다에 들어간 바로의 군대를 다 덮으니

The water flowed back and covered the chariots and horsemen—the entire army of Pharaoh that had followed the Israelites into the sea. **Not one of them survived.**
물이 다시 흘러 병거들과 기병들을 덮되 그들의 뒤를 따라 바다에 들어간

바로의 군대를 다 덮으니 하나도 남지 아니하였더라.

The water flowed back and covered the chariots and horsemen—the entire army of Pharaoh that had followed the Israelites into the sea. Not one of them survived.

14:29 But the Israelites went through the sea on dry ground,
그러나 이스라엘 자손은 바다 가운데를 육지로 행하였고

But the Israelites went through the sea on dry ground, **with a wall of water on their right and on their left.**
그러나 이스라엘 자손은 바다 가운데를 육지로 행하였고 물이 좌우에 벽이 되었더라.

But the Israelites went through the sea on dry ground, with a wall of water on their right and on their left.

14:30 That day the LORD saved Israel
그날에 여호와께서 이같이 이스라엘을 구원하시매

That day the LORD saved Israel **from the hands of the Egyptians,**
그날에 여호와께서 이같이 이스라엘을 애굽 사람의 손에서 구원하시매

That day the LORD saved Israel from the hands of the Egyptians, **and Israel saw the Egyptians lying dead on the shore.**
그날에 여호와께서 이같이 이스라엘을 애굽 사람의 손에서 구원하시매 이스라엘이 바닷가에서 애굽 사람들이 죽어 있는 것을 보았더라.

That day the LORD saved Israel from the hands of the Egyptians, and Israel saw the Egyptians lying dead on the shore.

14:31 **And when the Israelites saw the great power**
이스라엘이 그 큰 능력을 보았으므로

And when the Israelites saw the great power **the LORD displayed against the Egyptians,**
이스라엘이 여호와께서 애굽 사람들에게 행하신 그 큰 능력을 보았으므로

And when the Israelites saw the great power the LORD displayed against the Egyptians, **the people feared the LORD**
이스라엘이 여호와께서 애굽 사람들에게 행하신 그 큰 능력을 보았으므로
백성이 여호와를 경외하며

And when the Israelites saw the great power the LORD displayed against the Egyptians, the people feared the LORD **and put their trust in him and in Moses his servant.**
이스라엘이 여호와께서 애굽 사람들에게 행하신 그 큰 능력을 보았으므로
백성이 여호와를 경외하며 여호와와 그의 종 모세를 믿었더라.

And when the Israelites saw the great power the LORD displayed against the Egyptians, the people feared the LORD and put their trust in him and in Moses his servant.

oath n. 맹세 | encamp v. 야영하다 | hem v. 포위하다 | harden v. 단단하게 하다 | overtake v. ~을 따라잡다 | flee v. 도망하다

십계명(The Ten Commandments, 20:1–21)

십계명은 족쇄가 아니다.

깨어진 그릇에 음식을 담을 수 없듯이 부패한 인생 앞에 놀라운 복을 내놓기는 어렵다. 십계명은 한없는 복을 내리시기 위한 하나님의 배려다. 복은 거저 받아 끝나는 것이 아니다. 그것을 유지하고 지켜 나가고, 꽃을 피워 이 땅에 하나님의 나라를 이루는 것이 복 받은 자의 사

명이다.

수천 대에 이르도록 넘치는 복을 주시기 위한 하나님의 마음이 십계명 안에 녹아 있다.

20:1 **And God spoke all these words:**
하나님이 이 모든 말씀으로 말씀하여 이르시되

And God spoke all these words:

20:2 **“I am the LORD your God,**
나는 네 하나님 여호와니라.

“I am the LORD your God, **who brought you out of Egypt,**
나는 너를 애굽 땅에서 인도하여 낸 네 하나님 여호와니라.

“I am the LORD your God, who brought you out of Egypt, **out of the land of slavery.**
나는 너를 애굽 땅, 종 되었던 집에서 인도하여 낸 네 하나님 여호와니라.

“I am the LORD your God, who brought you out of Egypt, out of the land of slavery.

20:3 **You shall have no other gods before me.**
너는 나 외에는 다른 신들을 네게 두지 말라

You shall have no other gods before me.

20:4 **You shall not make for yourself an idol**
너를 위하여 새긴 우상을 만들지 말고

You shall not make for yourself an idol **in the form of anything**
너를 위하여 새긴 우상을 만들지 말고 어떤 형상도 만들지 말며

You shall not make for yourself an idol in the form of anything **in heaven above or on the earth beneath**
너를 위하여 새긴 우상을 만들지 말고 또 위로 하늘에 있는 것이나 아래로 땅에 있는 것의 어떤 형상도 만들지 말며

You shall not make for yourself an idol in the form of anything in heaven above or on the earth beneath **or in the waters below.**
너를 위하여 새긴 우상을 만들지 말고 또 위로 하늘에 있는 것이나 아래로 땅에 있는 것이나 땅 아래 물속에 있는 것의 어떤 형상도 만들지 말며

You shall not make for yourself an idol in the form of anything in heaven above or on the earth beneath or in the waters below.

20:5 **You shall not bow down to them**
그것들에게 절하지 말며

You shall not bow down to them **or worship them;**
그것들에게 절하지 말며 그것들을 섬기지 말라.

You shall not bow down to them or worship them; **for I, the LORD your God, am a jealous God,**
그것들에게 절하지 말며 그것들을 섬기지 말라. 나 네 하나님 여호와는 질투하는 하나님인즉

You shall not bow down to them or worship them; for I, the LORD your God, am a jealous God, **punishing the children for the sin of the fathers to the third and fourth generation**
그것들에게 절하지 말며 그것들을 섬기지 말라. 나 네 하나님 여호와는 질투하는 하나님인즉 죄를 갚되 아버지로부터 아들에게로 삼사 대까지 이르게 하거니와

You shall not bow down to them or worship them; for I, the LORD your God, am a jealous God, punishing the children for the sin of the fathers to the third and fourth generation **of those who hate me,**
그것들에게 절하지 말며 그것들을 섬기지 말라 나 네 하나님 여호와는 질투하는 하나님인즉 나를 미워하는 자의 죄를 갚되 아버지로부터 아들에게로 삼사 대까지 이르게 하거니와

You shall not bow down to them or worship them; for I, the LORD your God, am a jealous God, punishing the children for the sin of the fathers to the third and fourth generation of those who hate me,

20:6 **but showing love to a thousand generations**
천 대까지 은혜를 베푸느니라.

but showing love to a thousand generations **of those who love me and keep my commandments.**
나를 사랑하고 내 계명을 지키는 자에게는 천 대까지 은혜를 베푸느니라.

but showing love to a thousand generations of those who love me and keep my commandments

20:7 **You shall not misuse the name of the LORD your God,**
너는 네 하나님 여호와의 이름을 망령되게 부르지 말라.

You shall not misuse the name of the LORD your God, **for the LORD will not hold anyone guiltless**
너는 네 하나님 여호와의 이름을 망령되게 부르지 말라. 여호와는 죄 없다 하지 아니하리라.

You shall not misuse the name of the LORD your God, for the LORD will not hold anyone guiltless **who misuses his name.**
너는 네 하나님 여호와의 이름을 망령되게 부르지 말라. 여호와는 그의 이

름을 망령되게 부르는 자를 죄 없다 하지 아니하리라.

You shall not misuse the name of the LORD your God, for the LORD will not hold anyone guiltless who misuses his name.

20:8 Remember the Sabbath day by keeping it holy.
안식일을 기억하여 거룩하게 지키라.

Remember the Sabbath day by keeping it holy.

20:9 Six days you shall labor and do all your work,
엿새 동안은 힘써 네 모든 일을 행할 것이나

Six days you shall labor and do all your work,

20:10 but the seventh day is a Sabbath to the LORD your God.
일곱째 날은 네 하나님 여호와의 안식일인즉

but the seventh day is a Sabbath to the LORD your God. **On it you shall not do any work,**
일곱째 날은 네 하나님 여호와의 안식일인즉 아무 일도 하지 말라.

but the seventh day is a Sabbath to the LORD your God. On it you shall not do any work, **neither you, nor your son or daughter, nor your manservant or maidservant,**
일곱째 날은 네 하나님 여호와의 안식일인즉 너나 네 아들이나 네 딸이나 네 남종이나 네 여종이나 아무 일도 하지 말라.

but the seventh day is a Sabbath to the LORD your God. On it you shall not do any work, neither you, nor your son or daughter, nor your manservant or maidservant, **nor your animals, nor the alien**

within your gates.
일곱째 날은 네 하나님 여호와의 안식일인즉 너나 네 아들이나 네 딸이나 네 남종이나 네 여종이나 네 가축이나 네 문 안에 머무는 객이라도 아무 일도 하지 말라.

but the seventh day is a Sabbath to the LORD your God. On it you shall not do any work, neither you, nor your son or daughter, nor your manservant or maidservant, nor your animals, nor the alien within your gates.

20:11 **For in six days the LORD made the heavens and the earth,**
이는 엿새 동안에 나 여호와가 하늘과 땅을 만들고

For in six days the LORD made the heavens and the earth, **the sea, and all that is in them,**
이는 엿새 동안에 나 여호와가 하늘과 땅과 바다와 그 가운데 모든 것을 만들고

For in six days the LORD made the heavens and the earth, the sea, and all that is in them, **but he rested on the seventh day.**
이는 엿새 동안에 나 여호와가 하늘과 땅과 바다와 그 가운데 모든 것을 만들고 일곱째 날에 쉬었음이라.

For in six days the LORD made the heavens and the earth, the sea, and all that is in them, but he rested on the seventh day. **Therefore the LORD blessed the Sabbath day**
이는 엿새 동안에 나 여호와가 하늘과 땅과 바다와 그 가운데 모든 것을 만들고 일곱째 날에 쉬었음이라. 그러므로 나 여호와가 안식일을 복되게 하여

For in six days the LORD made the heavens and the earth, the sea, and all that is in them, but he rested on the seventh day. Therefore the LORD blessed the Sabbath day **and made it holy.**
이는 엿새 동안에 나 여호와가 하늘과 땅과 바다와 그 가운데 모든 것을 만

들고 일곱째 날에 쉬었음이라 그러므로 나 여호와가 안식일을 복되게 하여 그날을 거룩하게 하였느니라.

For in six days the LORD made the heavens and the earth, the sea, and all that is in them, but he rested on the seventh day. Therefore the LORD blessed the Sabbath day and made it holy.

20:12 **Honor your father and your mother,**
네 부모를 공경하라.

Honor your father and your mother, **so that you may live long**
네 부모를 공경하라. 그리하면 네 생명이 길리라.

Honor your father and your mother, so that you may live long **in the land the LORD your God is giving you.**
네 부모를 공경하라. 그리하면 네 하나님 여호와가 네게 준 땅에서 네 생명이 길리라.

Honor your father and your mother, so that you may live long in the land the LORD your God is giving you.

20:13 **You shall not murder.**
살인하지 말라.

You shall not murder.

20:14 **You shall not commit adultery.**
간음하지 말라.

You shall not commit adultery.

20:15 **You shall not steal.**
도둑질하지 말라.

You shall not steal.

20:16 **You shall not give false testimony**
거짓 증거하지 말라.

You shall not give false testimony **against your neighbor.**
네 이웃에 대하여 거짓 증거하지 말라.

You shall not give false testimony against your neighbor.

20:17 **You shall not covet your neighbor's house.**
네 이웃의 집을 탐내지 말라.

You shall not covet your neighbor's house. **You shall not covet your neighbor's wife,**
네 이웃의 집을 탐내지 말라. 네 이웃의 아내를 탐내지 말라.

You shall not covet your neighbor's house. You shall not covet your neighbor's wife, **or his manservant or maidservant, his ox or donkey,**
네 이웃의 집을 탐내지 말라. 네 이웃의 아내나 그의 남종이나 그의 여종이나 그의 소나 그의 나귀를 탐내지 말라.

You shall not covet your neighbor's house. You shall not covet your neighbor's wife, or his manservant or maidservant, his ox or donkey, **or anything that belongs to your neighbor."**
네 이웃의 집을 탐내지 말라. 네 이웃의 아내나 그의 남종이나 그의 여종이나 그의 소나 그의 나귀나 무릇 네 이웃의 소유를 탐내지 말라.

You shall not covet your neighbor's house. You shall not covet your

neighbor's wife, or his manservant or maidservant, his ox or donkey, or anything that belongs to your neighbor."

20:18 **When the people saw the thunder and lightning**
뭇 백성이 우레와 번개를 본지라.

When the people saw the thunder and lightning **and heard the trumpet and saw the mountain in smoke,**
뭇 백성이 우레와 번개와 나팔 소리와 산의 연기를 본지라.

When the people saw the thunder and lightning and heard the trumpet and saw the mountain in smoke, **they trembled with fear.**
뭇 백성이 우레와 번개와 나팔 소리와 산의 연기를 본지라. 그들이 볼 때에 떨며

When the people saw the thunder and lightning and heard the trumpet and saw the mountain in smoke, they trembled with fear. **They stayed at a distance**
뭇 백성이 우레와 번개와 나팔 소리와 산의 연기를 본지라. 그들이 볼 때에 떨며 멀리 서서

When the people saw the thunder and lightning and heard the trumpet and saw the mountain in smoke, they trembled with fear. They stayed at a distance

20:19 **and said to Moses, "Speak to us yourself**
모세에게 이르되 당신이 우리에게 말씀하소서.

and said to Moses, "Speak to us yourself **and we will listen.**
모세에게 이르되 당신이 우리에게 말씀하소서. 우리가 들으리이다.

and said to Moses, "Speak to us yourself and we will listen. **But do not have God speak to us**

모세에게 이르되 당신이 우리에게 말씀하소서. 우리가 들으리이다. 하나님이 우리에게 말씀하시지 말게 하소서.

and said to Moses, "Speak to us yourself and we will listen. But do not have God speak to us **or we will die."**
모세에게 이르되 당신이 우리에게 말씀하소서. 우리가 들으리이다. 하나님이 우리에게 말씀하시지 말게 하소서. 우리가 죽을까 하나이다.

and said to Moses, "Speak to us yourself and we will listen. But do not have God speak to us or we will die."

2:20 **Moses said to the people, "Do not be afraid.**
모세가 백성에게 이르되 두려워하지 말라.

Moses said to the people, "Do not be afraid. **God has come to test you,**
모세가 백성에게 이르되 두려워하지 말라. 하나님이 임하심은 너희를 시험하고
Moses said to the people, "Do not be afraid. God has come to test you, **so that the fear of God will be with you**
모세가 백성에게 이르되 두려워하지 말라. 하나님이 임하심은 너희를 시험하고 너희로 경외하여

Moses said to the people, "Do not be afraid. God has come to test you, so that the fear of God will be with you **to keep you from sinning."**
모세가 백성에게 이르되 두려워하지 말라. 하나님이 임하심은 너희를 시험하고 너희로 경외하여 범죄하지 않게 하려 하심이니라.

Moses said to the people, "Do not be afraid. God has come to test you, so that the fear of God will be with you to keep you from sinning."

20:21 **The people remained at a distance,**
백성은 멀리 서 있고

The people remained at a distance, **while Moses approached the thick darkness**
백성은 멀리 서 있고 모세는 흑암으로 가까이 가니라.

The people remained at a distance, while Moses approached the thick darkness **where God was.**
백성은 멀리 서 있고 모세는 하나님이 계신 흑암으로 가까이 가니라.

The people remained at a distance, while Moses approached the thick darkness where God was.

guiltless a. 죄 없는 | Sabbath n. 안식일 | testimony n. 증언 | covet v. 턱없이 탐내다

레위기(Leviticus)

레위기는 성경 가운데 가장 먼저 기록된 책이다. 레위기의 주제는 거룩이다. 거룩하신 하나님은 당신의 백성들이 거룩한 사람으로 이 땅에 있기를 원하신다. 거룩하지 않으면 하나님을 가까이 모실 수 없고 거룩하지 않으면 하나님을 예배할 수도 없다. 거룩한 사람만이 이 땅을 하나님의 나라로 만들 수 있다.

레위기를 통해 우리는 한 걸음 한 걸음 거룩으로 다가갈 수 있다. 우리는 이 책을 통해, 하나님께 바쳐질 흠 없는 짐승들을 성별하고 자신의 마음과 몸을 성결케 하는 제사장들을 보며 우리가 이 땅에서 얼마나 성결해야 하는지를 배워야 한다.

번제(The Burnt Offering, 1:1–17)

번제는 제물 전체를 불살라 드리는 제사다. 번제의 히브리어의 의미는 '타오르다'이며 그것은 '여호와께 향기로운 냄새'와 같은 뜻이다. 번제는 끝까지 타서 재만 남는 제사이다. 그것은 온전한 헌신을 상징한다.

예배자는 바쳐지는 제물의 머리에 안수해야 한다. 그것은 자신을 제물과 온전히 일치시키는 행위였다. 그 제물이 타오를 때 자신도 타서 바쳐지는 것을 의미한다. 생명 바쳐 하나님을 사랑하며 흠 없는 삶으로 예배하는 것이 이 땅을 살아가는 사람들의 의무임을 번제는 설명하고 있는 것이다.

그 외에 하나님께 드리는 제사에는 소제(The Grain Offering), 화목제(The Fellowship Offering), 속죄제(The Sin Offering), 속건제(The Guilt Offering)가 있다.

1:1 **The LORD called to Moses and spoke to him**
여호와께서 모세를 부르시고 그에게 말씀하시되

The LORD called to Moses and spoke to him **from the Tent of Meeting. He said,**
여호와께서 회막에서 모세를 부르시고 그에게 말씀하여 이르시되

The LORD called to Moses and spoke to him from the Tent of Meeting. He said,

1:2 **"Speak to the Israelites and say to them:**
이스라엘 자손에게 말하여 이르라.

"Speak to the Israelites and say to them: **'When any of you brings an offering to the LORD,**
이스라엘 자손에게 말하여 이르라. 너희 중에 누구든지 여호와께 예물을 드리려거든

"Speak to the Israelites and say to them: 'When any of you brings an offering to the LORD, **bring as your offering an animal**
이스라엘 자손에게 말하여 이르라. 너희 중에 누구든지 여호와께 예물을 드리려거든 가축으로 예물을 드릴지니라.

"Speak to the Israelites and say to them: 'When any of you brings an offering to the LORD, bring as your offering an animal **from either the herd or the flock.**
이스라엘 자손에게 말하여 이르라. 너희 중에 누구든지 여호와께 예물을 드리려거든 가축 중에서 소나 양으로 예물을 드릴지니라.

“Speak to the Israelites and say to them: ‘When any of you brings an offering to the LORD, bring as your offering an animal from either the herd or the flock.

1:3 **If the offering is a burnt offering from the herd,**
그 예물이 소의 번제이면

If the offering is a burnt offering from the herd, **he is to offer a male without defect.**
그 예물이 소의 번제이면 흠 없는 수컷으로 드릴지니라.

If the offering is a burnt offering from the herd, he is to offer a male without defect. **He must present it at the entrance to the Tent of Meeting**
그 예물이 소의 번제이면 흠 없는 수컷으로 회막 문에서 드릴지니라.

If the offering is a burnt offering from the herd, he is to offer a male without defect. He must present it at the entrance to the Tent of Meeting **so that it will be acceptable to the LORD.**
그 예물이 소의 번제이면 흠 없는 수컷으로 회막 문에서 여호와 앞에 기쁘게 받으시도록 드릴지니라.

If the offering is a burnt offering from the herd, he is to offer a male without defect. He must present it at the entrance to the Tent of Meeting so that it will be acceptable to the LORD.

1:4 **He is to lay his hand on the head of the burnt offering,**
그는 번제물의 머리에 안수할지니

He is to lay his hand on the head of the burnt offering, **and it will be accepted**
그는 번제물의 머리에 안수할지니 기쁘게 받으심이 되어

159

He is to lay his hand on the head of the burnt offering, and it will be accepted **on his behalf to make atonement for him.**
그는 번제물의 머리에 안수할지니 그를 위하여 기쁘게 받으심이 되어 그를 위하여 속죄가 될 것이라.

He is to lay his hand on the head of the burnt offering, and it will be accepted on his behalf to make atonement for him.

1:5 **He is to slaughter the young bull before the LORD,**
그는 여호와 앞에서 그 수송아지를 잡을 것이요

He is to slaughter the young bull before the LORD, **and then Aaron's sons the priests shall bring the blood**
그는 여호와 앞에서 그 수송아지를 잡을 것이요 아론의 자손 제사장들은 그 피를 가져다가

He is to slaughter the young bull before the LORD, and then Aaron's sons the priests shall bring the blood **and sprinkle it against the altar on all sides**
그는 여호와 앞에서 그 수송아지를 잡을 것이요 아론의 자손 제사장들은 그 피를 가져다가 제단 사방에 뿌릴 것이며

He is to slaughter the young bull before the LORD, and then Aaron's sons the priests shall bring the blood and sprinkle it against the altar on all sides **at the entrance to the Tent of Meeting.**
그는 여호와 앞에서 그 수송아지를 잡을 것이요 아론의 자손 제사장들은 그 피를 가져다가 회막 문 앞 제단 사방에 뿌릴 것이며

He is to slaughter the young bull before the LORD, and then Aaron's sons the priests shall bring the blood and sprinkle it against the altar on all sides at the entrance to the Tent of Meeting.

1:6 **He is to skin the burnt offering**
그는 또 그 번제물의 가죽을 벗기고

He is to skin the burnt offering **and cut it into pieces.**
그는 또 그 번제물의 가죽을 벗기고 각을 뜰 것이요

He is to skin the burnt offering and cut it into pieces.

1:7 **The sons of Aaron the priest are to put fire on the altar**
제사장 아론의 자손들은 제단 위에 불을 붙이고

The sons of Aaron the priest are to put fire on the altar **and arrange wood on the fire.**
제사장 아론의 자손들은 제단 위에 불을 붙이고 불 위에 나무를 벌여 놓고

The sons of Aaron the priest are to put fire on the altar and arrange wood on the fire.

1:8 **Then Aaron's sons the priests shall arrange the pieces,**
아론의 자손 제사장들은 그 뜬 각을 벌여 놓을 것이며

Then Aaron's sons the priests shall arrange the pieces, **including the head and the fat,**
아론의 자손 제사장들은 그 뜬 각과 머리와 기름을 벌여 놓을 것이며

Then Aaron's sons the priests shall arrange the pieces, including the head and the fat, **on the burning wood that is on the altar.**
아론의 자손 제사장들은 그 뜬 각과 머리와 기름을 제단 위의 불 위에 있는 나무에 벌여 놓을 것이며

Then Aaron's sons the priests shall arrange the pieces, including the head and the fat, on the burning wood that is on the altar.

1:9 **He is to wash the inner parts and the legs with water,**
그 내장과 정강이를 물로 씻을 것이요

He is to wash the inner parts and the legs with water, **and the priest is to burn all of it on the altar.**
그 내장과 정강이를 물로 씻을 것이요 제사장은 그 전부를 제단 위에서 불살라 번제를 드릴지니

He is to wash the inner parts and the legs with water, and the priest is to burn all of it on the altar. **It is a burnt offering, an offering made by fire,**
그 내장과 정강이를 물로 씻을 것이요 제사장은 그 전부를 제단 위에서 불살라 번제를 드릴지니 이는 화제라

He is to wash the inner parts and the legs with water, and the priest is to burn all of it on the altar. It is a burnt offering, an offering made by fire, **an aroma pleasing to the LORD.**
그 내장과 정강이를 물로 씻을 것이요 제사장은 그 전부를 제단 위에서 불살라 번제를 드릴지니 이는 화제라 여호와께 향기로운 냄새니라.

He is to wash the inner parts and the legs with water, and the priest is to burn all of it on the altar. It is a burnt offering, an offering made by fire, an aroma pleasing to the LORD.

1:10 **If the offering is a burnt offering from the flock,**
만일 그 예물이 가축 떼의 번제이면

If the offering is a burnt offering from the flock, **from either the sheep or the goats,**
만일 그 예물이 가축 떼의 양이나 염소의 번제이면

If the offering is a burnt offering from the flock, from either the sheep or the goats, **he is to offer a male without defect.**

만일 그 예물이 가축 떼의 양이나 염소의 번제이면 흠 없는 수컷으로 드릴지니

If the offering is a burnt offering from the flock, from either the sheep or the goats, he is to offer a male without defect.

1:11 **He is to slaughter it at the north side of the altar**
그가 제단 북쪽에서 그것을 잡을 것이요

He is to slaughter it at the north side of the altar **before the LORD,**
그가 제단 북쪽 여호와 앞에서 그것을 잡을 것이요

He is to slaughter it at the north side of the altar before the LORD, **and Aaron's sons the priests shall sprinkle its blood**
그가 제단 북쪽 여호와 앞에서 그것을 잡을 것이요 아론의 자손 세사장들은 그것의 피를 뿌릴 것이며

He is to slaughter it at the north side of the altar before the LORD, and Aaron's sons the priests shall sprinkle its blood **against the altar on all sides.**
그가 제단 북쪽 여호와 앞에서 그것을 잡을 것이요 아론의 자손 제사장들은 그것의 피를 제단 사방에 뿌릴 것이며

He is to slaughter it at the north side of the altar before the LORD, and Aaron's sons the priests shall sprinkle its blood against the altar on all sides.

1:12 **He is to cut it into pieces,**
그는 그것의 각을 뜨고

He is to cut it into pieces, **and the priest shall arrange them,**
그는 그것의 각을 뜨고 제사장은 그것을 벌여 놓을 것이며

He is to cut it into pieces, and the priest shall arrange them, **including the head and the fat,**
그는 그것의 각을 뜨고 그것의 머리와 그것의 기름을 베어낼 것이요 제사장은 그것을 벌여 놓을 것이며

He is to cut it into pieces, and the priest shall arrange them, including the head and the fat, **on the burning wood that is on the altar.**
그는 그것의 각을 뜨고 그것의 머리와 그것의 기름을 베어낼 것이요 제사장은 그것을 다 제단 위의 불 위에 있는 나무 위에 벌여 놓을 것이며

He is to cut it into pieces, and the priest shall arrange them, including the head and the fat, on the burning wood that is on the altar.

1:13 **He is to wash the inner parts and the legs with water,**
그 내장과 그 정강이를 물로 씻을 것이요

He is to wash the inner parts and the legs with water, **and the priest is to bring all of it and burn it on the altar.**
그 내장과 그 정강이를 물로 씻을 것이요 제사장은 그 전부를 가져다가 제단 위에서 불살라

He is to wash the inner parts and the legs with water, and the priest is to bring all of it and burn it on the altar. **It is a burnt offering, an offering made by fire,**
그 내장과 그 정강이를 물로 씻을 것이요 제사장은 그 전부를 가져다가 제단 위에서 불살라 번제를 드릴지니 이는 화제라

He is to wash the inner parts and the legs with water, and the priest is to bring all of it and burn it on the altar. It is a burnt offering, an offering made by fire, **an aroma pleasing to the LORD.**
그 내장과 그 정강이를 물로 씻을 것이요 제사장은 그 전부를 가져다가 제

단 위에서 불살라 번제를 드릴지니 이는 화제라 여호와께 향기로운 냄새니라.

He is to wash the inner parts and the legs with water, and the priest is to bring all of it and burn it on the altar. It is a burnt offering, an offering made by fire, an aroma pleasing to the LORD.

1:14 **If the offering to the LORD is a burnt offering of birds,**
만일 여호와께 드리는 예물이 새의 번제이면

If the offering to the LORD is a burnt offering of birds, **he is to offer a dove or a young pigeon.**
만일 여호와께 드리는 예물이 새의 번제이면 산비둘기나 집비둘기 새끼로 예물을 드릴 것이요

If the offering to the LORD is a burnt offering of birds, he is to offer a dove or a young pigeon.

1:15 **The priest shall bring it to the altar,**
제사장은 그것을 제단으로 가져다가

The priest shall bring it to the altar, **wring off the head and burn it on the altar;**
제사장은 그것을 제단으로 가져다가 그것의 머리를 비틀어 끊고 제단 위에서 불사르고

The priest shall bring it to the altar, wring off the head and burn it on the altar; **its blood shall be drained out on the side of the altar.**
제사장은 그것을 제단으로 가져다가 그것의 머리를 비틀어 끊고 제단 위에서 불사르고 피는 제단 곁에 흘릴 것이며

The priest shall bring it to the altar, wring off the head and burn it on the altar; its blood shall be drained out on the side of the altar.

1:16 **He is to remove the crop with its contents**
그것의 모이주머니와 그 더러운 것은 제거하여

He is to remove the crop with its contents **and throw it to the east side of the altar,**
그것의 모이주머니와 그 더러운 것은 제거하여 제단 동쪽에 던지고

He is to remove the crop with its contents and throw it to the east side of the altar, **where the ashes are.**
그것의 모이주머니와 그 더러운 것은 제거하여 제단 동쪽 재 버리는 곳에 던지고

He is to remove the crop with its contents and throw it to the east side of the altar, where the ashes are.

1:17 **He shall tear it open by the wings,**
또 그 날개 자리에서 그 몸을 찢되

He shall tear it open by the wings, **not severing it completely,**
또 그 날개 자리에서 그 몸을 찢되 아주 찢지 말고

He shall tear it open by the wings, not severing it completely, **and then the priest shall burn it on the wood**
또 그 날개 자리에서 그 몸을 찢되 아주 찢지 말고 제사장이 그것을 나무 위에서 불살라 번제를 드릴지니

He shall tear it open by the wings, not severing it completely, and then the priest shall burn it on the wood **that is on the fire on the altar.**
또 그 날개 자리에서 그 몸을 찢되 아주 찢지 말고 제사장이 그것을 제단 위의 불 위에 있는 나무 위에서 불살라 번제를 드릴지니

He shall tear it open by the wings, not severing it completely, and

then the priest shall burn it on the wood that is on the fire on the altar. **It is a burnt offering, an offering made by fire,**
또 그 날개 자리에서 그 몸을 찢되 아주 찢지 말고 제사장이 그것을 제단 위의 불 위에 있는 나무 위에서 불살라 번제를 드릴지니 이는 화제라.

He shall tear it open by the wings, not severing it completely, and then the priest shall burn it on the wood that is on the fire on the altar. It is a burnt offering, an offering made by fire, **an aroma pleasing to the LORD.**
또 그 날개 자리에서 그 몸을 찢되 아주 찢지 말고 제사장이 그것을 제단 위의 불 위에 있는 나무 위에서 불살라 번제를 드릴지니 이는 화제라 여호와께 향기로운 냄새니라.

He shall tear it open by the wings, not severing it completely, and then the priest shall burn it on the wood that is on the fire on the altar. It is a burnt offering, an offering made by fire, an aroma pleasing to the LORD.

atonement n. 속죄 | slaughter v. ~을 도살하다 | sprinkle v. ~을 뿌리다 | skin v. ~의 가죽(껍질)을 벗기다 | wring v. ~을 비틀다 | drain v. (액체를) 서서히 배출하다, 짜다 | crop n. 모이주머니 | sever v. ~을 절단하다

나답과 아비후가 죽다(The Death of Nadab and Abihu, 10:1-11)

우리는 지금 아주 불행한 이야기 앞에 서 있다. 백성들을 대신해 하나님께 제사를 드려야 하는 제사장의 직분을 가졌던 초대 제사장의 두 아들 나답과 아비후는 하나님의 법을 따라 제사하지 못했다. 하나님께 드리는 제사는 절대적으로 하나님의 법을 따라야 한다. 그것은 하나님은 하나님이고 사람은 그를 예배하는 사람임을 분명히 하는 것이다. 두 젊은 제사장은 자기 생각과 자신의 편리대로 엉뚱한 곳의 불을 가져다가 분향했다. 그것은 단지 매뉴얼을 따르지 않았다는 의미가

아니라 하나님의 법을 무시한 무지와 오만, 부패의 발로였다. 자신들이 분향한 불이 그들에게로 나와 그들을 삼켰다. 그 불의 분노는 우리가 하나님을 어떠한 마음으로 예배해야 하는지를 분명히 알려 준다.

당신이 그분을 하나님으로 여긴다면 그에 맞는 예우를 해야 한다. 그것이 예배다.

10:1 **Aaron's sons Nadab and Abihu took their censers,**
아론의 아들 나답과 아비후가 각기 향로를 가져다가

Aaron's sons Nadab and Abihu took their censers, **put fire in them and added incense; and they offered unauthorized fire before the LORD,**
아론의 아들 나답과 아비후가 각기 향로를 가져다가 다른 불을 담아 여호와 앞에 분향하였더니

Aaron's sons Nadab and Abihu took their censers, put fire in them and added incense; and they offered unauthorized fire before the LORD, **contrary to his command.**
아론의 아들 나답과 아비후가 각기 향로를 가져다가 여호와께서 명령하시지 아니하신 다른 불을 담아 여호와 앞에 분향하였더니

Aaron's sons Nadab and Abihu took their censers, put fire in them and added incense; and they offered unauthorized fire before the LORD, contrary to his command.

10:2 **So fire came out from the presence of the LORD**
불이 여호와 앞에서 나와

So fire came out from the presence of the LORD **and consumed them,**
불이 여호와 앞에서 나와 그들을 삼키매

So fire came out from the presence of the LORD and consumed them, **and they died before the LORD.**
불이 여호와 앞에서 나와 그들을 삼키매 그들이 여호와 앞에서 죽은지라.

So fire came out from the presence of the LORD and consumed them, and they died before the LORD.

10:3 **Moses then said to Aaron, "This is what the LORD spoke of**
모세가 아론에게 이르되 이는 여호와의 말씀이라.

Moses then said to Aaron, "This is what the LORD spoke of **when he said: 'Among those who approach me I will show myself holy;**
모세가 아론에게 이르되 이는 여호와의 말씀이라. 이르시기를 나는 나를 가까이 하는 자 중에서 내 거룩함을 나타내겠고

Moses then said to Aaron, "This is what the LORD spoke of when he said: 'Among those who approach me I will show myself holy; **in the sight of all the people I will be honored.'"**
모세가 아론에게 이르되 이는 여호와의 말씀이라. 이르시기를 나는 나를 가까이 하는 자 중에서 내 거룩함을 나타내겠고 온 백성 앞에서 내 영광을 나타내리라 하셨느니라.

Moses then said to Aaron, "This is what the LORD spoke of when he said: 'Among those who approach me I will show myself holy; in the sight of all the people I will be honored.'" **Aaron remained silent.**
모세가 아론에게 이르되 이는 여호와의 말씀이라. 이르시기를 나는 나를 가까이 하는 자 중에서 내 거룩함을 나타내겠고 온 백성 앞에서 내 영광을 나타내리라 하셨느니라. 아론이 잠잠하니

Moses then said to Aaron, "This is what the LORD spoke of when he said: 'Among those who approach me I will show myself holy; in the sight of all the people I will be honored.'" Aaron remained silent.

10:4 **Moses summoned Mishael and Elzaphan,**
모세가 미사엘과 엘사반을 불러

Moses summoned Mishael and Elzaphan, **sons of Aaron's uncle Uzziel, and said to them,**
모세가 아론의 삼촌 웃시엘의 아들 미사엘과 엘사반을 불러 그들에게 이르되

Moses summoned Mishael and Elzaphan, sons of Aaron's uncle Uzziel, and said to them, **"Come here; carry your cousins outside the camp,**
모세가 아론의 삼촌 웃시엘의 아들 미사엘과 엘사반을 불러 그들에게 이르되 나아와 너희 형제들을 진영 밖으로 메고 나가라 하매

Moses summoned Mishael and Elzaphan, sons of Aaron's uncle Uzziel, and said to them, "Come here; carry your cousins outside the camp, **away from the front of the sanctuary."**
모세가 아론의 삼촌 웃시엘의 아들 미사엘과 엘사반을 불러 그들에게 이르되 나아와 너희 형제들을 성소 앞에서 진영 밖으로 메고 나가라 하매

Moses summoned Mishael and Elzaphan, sons of Aaron's uncle Uzziel, and said to them, "Come here; carry your cousins outside the camp, away from the front of the sanctuary."

10:5 **So they came and carried them, still in their tunics,**
그들이 나와 그들을 옷 입은 채 메어 내니

So they came and carried them, still in their tunics, **outside the camp, as Moses ordered.**
그들이 나와 모세가 말한 대로 그들을 옷 입은 채 진영 밖으로 메어 내니

So they came and carried them, still in their tunics, outside the camp, as Moses ordered.

10:6 **Then Moses said to Aaron and his sons Eleazar and Ithamar,**
모세가 아론과 그의 아들 엘르아살과 이다말에게 이르되

Then Moses said to Aaron and his sons Eleazar and Ithamar, **"Do not let your hair become unkempt,**
모세가 아론과 그의 아들 엘르아살과 이다말에게 이르되 너희는 머리를 풀지 말라.

Then Moses said to Aaron and his sons Eleazar and Ithamar, "Do not let your hair become unkempt, **and do not tear your clothes,**
모세가 아론과 그의 아들 엘르아살과 이다말에게 이르되 너희는 머리를 풀거나 옷을 찢지 말라.

Then Moses said to Aaron and his sons Eleazar and Ithamar, "Do not let your hair become unkempt, and do not tear your clothes, **or you will die and the LORD will be angry with the whole community.**
모세가 아론과 그의 아들 엘르아살과 이다말에게 이르되 너희는 머리를 풀거나 옷을 찢지 말라. 그리하여 너희가 죽음을 면하고 여호와의 진노가 온 회중에게 미침을 면하게 하라.

Then Moses said to Aaron and his sons Eleazar and Ithamar, "Do not let your hair become unkempt, and do not tear your clothes, or you will die and the LORD will be angry with the whole community. **But your relatives, all the house of Israel, may mourn**
모세가 아론과 그의 아들 엘르아살과 이다말에게 이르되 너희는 머리를 풀거나 옷을 찢지 말라. 그리하여 너희가 죽음을 면하고 여호와의 진노가 온 회중에게 미침을 면하게 하라. 오직 너희 형제 이스라엘 온 족속은 슬퍼할 것이니라.

Then Moses said to Aaron and his sons Eleazar and Ithamar, "Do not let your hair become unkempt, and do not tear your clothes, or you will die and the LORD will be angry with the whole community. But your relatives, all the house of Israel, may mourn **for those the LORD has destroyed by fire.**

모세가 아론과 그의 아들 엘르아살과 이다말에게 이르되 너희는 머리를 풀거나 옷을 찢지 말라. 그리하여 너희가 죽음을 면하고 여호와의 진노가 온 회중에게 미침을 면하게 하라. 오직 너희 형제 이스라엘 온 족속은 여호와께서 치신 불로 말미암아 슬퍼할 것이니라.

Then Moses said to Aaron and his sons Eleazar and Ithamar, "Do not let your hair become unkempt, and do not tear your clothes, or you will die and the LORD will be angry with the whole community. But your relatives, all the house of Israel, may mourn for those the LORD has destroyed by fire.

10:7 **Do not leave the entrance to the Tent of Meeting or you will die,**
너희는 회막 문에 나가지 말라. 그리하면 죽음을 면하리라.

Do not leave the entrance to the Tent of Meeting or you will die, **because the LORD's anointing oil is on you."**
여호와의 관유가 너희에게 있은즉 너희는 회막 문에 나가지 말라. 그리하면 죽음을 면하리라.

Do not leave the entrance to the Tent of Meeting or you will die, because the LORD's anointing oil is on you." **So they did as Moses said.**
여호와의 관유가 너희에게 있은즉 너희는 회막 문에 나가지 말라. 그리하면 죽음을 면하리라. 그들이 모세의 말대로 하니라.

Do not leave the entrance to the Tent of Meeting or you will die, because the LORD's anointing oil is on you." So they did as Moses said.

10:8 **Then the LORD said to Aaron,**
여호와께서 아론에게 말씀하여 이르시되

Then the LORD said to Aaron,

10:9 **"You and your sons are not to drink wine or other fermented drink**
너와 네 자손들은 포도주나 독주를 마시지 말라.

"You and your sons are not to drink wine or other fermented drink **whenever you go into the Tent of Meeting,**
너와 네 자손들이 회막에 들어갈 때에는 포도주나 독주를 마시지 말라.

"You and your sons are not to drink wine or other fermented drink whenever you go into the Tent of Meeting, **or you will die.**
너와 네 자손들이 회막에 들어갈 때에는 포도주나 독주를 마시지 말라. 그리하여 너희 죽음을 면하라.

"You and your sons are not to drink wine or other fermented drink whenever you go into the Tent of Meeting, or you will die. **This is a lasting ordinance for the generations to come.**
너와 네 자손들이 회막에 들어갈 때에는 포도주나 독주를 마시지 말라. 그리하여 너희 죽음을 면하라. 이는 너희 대대로 지킬 영영한 규례라.

"You and your sons are not to drink wine or other fermented drink whenever you go into the Tent of Meeting, or you will die. This is a lasting ordinance for the generations to come.

10:10 **You must distinguish between the holy and the common,**
그리하여야 너희가 거룩하고 속된 것을 분별하며

You must distinguish between the holy and the common, **between the unclean and the clean,**
그리하여야 너희가 거룩하고 속된 것을 분별하며 부정하고 정한 것을 분별하고

You must distinguish between the holy and the common, between the unclean and the clean,

10:11 and you must teach the Israelites all the decrees
또 모든 규례를 이스라엘 자손에게 가르치리라.

and you must teach the Israelites all the decrees **the LORD has given them through Moses."**
또 나 여호와가 모세를 통하여 모든 규례를 이스라엘 자손에게 가르치리라.

and you must teach the Israelites all the decrees the LORD has given them through Moses."

censer n. 향로 | incense n. 향 | tunic n. 튜닉 | unkempt a. 빗질하지 않은, 흐트러진 | anoint v. ~에 기름을 붓다 | ferment v. ~을 발효시키다 | ordinance n. 규정

너희는 거룩하라(Be holy, 19:1–37)

우리에게 거룩하다는 것의 의미

1. 부모를 경외하고 안식일을 지킬 것.
2. 우상 숭배하지 말 것
3. 하나님의 법을 따라 제사를 드릴 것.
4. 가난한 사람들을 위해, 추수 때에 모조리 거두지 말 것.
5. 일군들의 삯을 미루지 말 것.
6. 장애인을 무시하지 말 것.
7. 다른 종류의 가축끼리 교미시키지 말 것.
8. 무엇이든지 피째 먹지 말 것.
9. 문신하지 말 것.

10, 11, 12, 13, 14, 15 등은 당신이 찾아보라.

19:1 **The LORD said to Moses,**
여호와께서 모세에게 말씀하여 이르시되

The LORD said to Moses,

19:2 **"Speak to the entire assembly of Israel and say to them:**
너는 이스라엘 자손의 온 회중에게 말하여 이르라.

"Speak to the entire assembly of Israel and say to them: **'Be holy because I, the LORD your God, am holy.**

너는 이스라엘 자손의 온 회중에게 말하여 이르라. 너희는 거룩하라. 이는 나 여호와 너희 하나님이 거룩함이니라.

"Speak to the entire assembly of Israel and say to them: 'Be holy because I, the LORD your God, am holy.

19:3 **Each of you must respect his mother and father,**
너희 각 사람은 부모를 경외하고

Each of you must respect his mother and father, **and you must observe my Sabbaths. I am the LORD your God.**

너희 각 사람은 부모를 경외하고 나의 안식일을 지키라. 나는 너희의 하나님 여호와이니라.

Each of you must respect his mother and father, and you must observe my Sabbaths. I am the LORD your God.

19:4 **Do not turn to idols**

너희는 헛된 것들에게로 향하지 말며

Do not turn to idols **or make gods of cast metal for yourselves.**
너희는 헛된 것들에게로 향하지 말며 너희를 위하여 신상들을 부어 만들지 말라.

Do not turn to idols or make gods of cast metal for yourselves. **I am the LORD your God.**
너희는 헛된 것들에게로 향하지 말며 너희를 위하여 신상들을 부어 만들지 말라. 나는 너희의 하나님 여호와이니라.

Do not turn to idols or make gods of cast metal for yourselves. I am the LORD your God.

19:5 **When you sacrifice a fellowship offering to the LORD,**
너희는 화목제물을 여호와께 드릴 때에

When you sacrifice a fellowship offering to the LORD, **sacrifice it in such a way that it will be accepted on your behalf.**
너희는 화목제물을 여호와께 드릴 때에 기쁘게 받으시도록 드리고

When you sacrifice a fellowship offering to the LORD, sacrifice it in such a way that it will be accepted on your behalf.

19:6 **It shall be eaten on the day you sacrifice it**
그 제물은 드리는 날에 먹고

It shall be eaten on the day you sacrifice it **or on the next day;**
그 제물은 드리는 날과 이튿날에 먹고

It shall be eaten on the day you sacrifice it or on the next day; **anything left over until the third day must be burned up.**

그 제물은 드리는 날과 이튿날에 먹고 셋째 날까지 남았거든 불사르라.

It shall be eaten on the day you sacrifice it or on the next day; anything left over until the third day must be burned up.

19:7 **If any of it is eaten on the third day,**
셋째 날에 조금이라도 먹으면

If any of it is eaten on the third day, **it is impure and will not be accepted.**
셋째 날에 조금이라도 먹으면 가증한 것이 되어 기쁘게 받으심이 되지 못하고

If any of it is eaten on the third day, it is impure and will not be accepted.

19:8 **Whoever eats it will be held responsible**
그것을 먹는 자는 죄를 담당하리니

Whoever eats it will be held responsible **because he has desecrated what is holy to the LORD;**
그것을 먹는 자는 여호와의 성물을 더럽힘으로 말미암아 죄를 담당하리니

Whoever eats it will be held responsible because he has desecrated what is holy to the LORD; **that person must be cut off from his people.**
그것을 먹는 자는 여호와의 성물을 더럽힘으로 말미암아 죄를 담당하리니 그가 그의 백성 중에서 끊어지리라.

Whoever eats it will be held responsible because he has desecrated what is holy to the LORD; that person must be cut off from his people.

19:9 **When you reap the harvest of your land,**
너희가 너희의 땅에서 곡식을 거둘 때에

When you reap the harvest of your land, **do not reap to the very edges of your field**
너희가 너희의 땅에서 곡식을 거둘 때에 너는 밭모퉁이까지 다 거두지 말고

When you reap the harvest of your land, do not reap to the very edges of your field **or gather the gleanings of your harvest.**
너희가 너희의 땅에서 곡식을 거둘 때에 너는 밭모퉁이까지 다 거두지 말고 네 떨어진 이삭도 줍지 말며

When you reap the harvest of your land, do not reap to the very edges of your field or gather the gleanings of your harvest.

19:10 **Do not go over your vineyard a second time**
네 포도원의 열매를 다 따지 말며

Do not go over your vineyard a second time **or pick up the grapes that have fallen.**
네 포도원의 열매를 다 따지 말며 네 포도원에 떨어진 열매도 줍지 말고

Do not go over your vineyard a second time or pick up the grapes that have fallen. **Leave them for the poor and the alien.**
네 포도원의 열매를 다 따지 말며 네 포도원에 떨어진 열매도 줍지 말고 가난한 사람과 거류민을 위하여 버려두라.

Do not go over your vineyard a second time or pick up the grapes that have fallen. Leave them for the poor and the alien. **I am the LORD your God.**
네 포도원의 열매를 다 따지 말며 네 포도원에 떨어진 열매도 줍지 말고 가난한 사람과 거류민을 위하여 버려두라. 나는 너희의 하나님 여호와이니라.

Do not go over your vineyard a second time or pick up the grapes that have fallen. Leave them for the poor and the alien. I am the LORD your God.

19:11 **Do not steal. Do not lie.**
너희는 도둑질하지 말며 서로 거짓말하지 말며

Do not steal. Do not lie. **Do not deceive one another.**
너희는 도둑질하지 말며 속이지 말며 서로 거짓말하지 말며

Do not steal. Do not lie. Do not deceive one another.

19:12 **Do not swear falsely by my name and so profane the name of your God.**
너희는 내 이름으로 거짓 맹세함으로 네 하나님의 이름을 욕되게 하지 말라.

Do not swear falsely by my name and so profane the name of your God. **I am the LORD.**
너희는 내 이름으로 거짓 맹세함으로 네 하나님의 이름을 욕되게 하지 말라. 나는 여호와이니라.

Do not swear falsely by my name and so profane the name of your God. I am the LORD.

19:13 **Do not defraud your neighbor or rob him.**
너는 네 이웃을 억압하지 말며 착취하지 말며

Do not defraud your neighbor or rob him. **Do not hold back the wages of a hired man overnight.**
너는 네 이웃을 억압하지 말며 착취하지 말며 품꾼의 삯을 아침까지 밤새도록 네게 두지 말며

Do not defraud your neighbor or rob him. Do not hold back the wages of a hired man overnight.

19:14 **Do not curse the deaf**
너는 귀먹은 자를 저주하지 말며

Do not curse the deaf **or put a stumbling block in front of the blind,**
너는 귀먹은 자를 저주하지 말며 맹인 앞에 장애물을 놓지 말고

Do not curse the deaf or put a stumbling block in front of the blind, **but fear your God. I am the LORD.**
너는 귀먹은 자를 저주하지 말며 맹인 앞에 장애물을 놓지 말고 네 하나님을 경외하라. 나는 여호와이니라.

Do not curse the deaf or put a stumbling block in front of the blind, but fear your God. I am the LORD.

19:15 **Do not pervert justice;**
너희는 재판할 때에 불의를 행하지 말며

Do not pervert justice; **do not show partiality to the poor**
너희는 재판할 때에 불의를 행하지 말며 가난한 자의 편을 들지 말며

Do not pervert justice; do not show partiality to the poor **or favoritism to the great,**
너희는 재판할 때에 불의를 행하지 말며 가난한 자의 편을 들지 말며 세력 있는 자라고 두둔하지 말고

Do not pervert justice; do not show partiality to the poor or favoritism to the great, **but judge your neighbor fairly.**
너희는 재판할 때에 불의를 행하지 말며 가난한 자의 편을 들지 말며 세력 있는 자라고 두둔하지 말고 공의로 사람을 재판할지며

Do not pervert justice; do not show partiality to the poor or favoritism to the great, but judge your neighbor fairly.

19:16 **Do not go about spreading slander among your people.**
너는 네 백성 중에 돌아다니며 사람을 비방하지 말며

Do not go about spreading slander among your people. **Do not do anything that endangers your neighbor's life. I am the LORD.**
너는 네 백성 중에 돌아다니며 사람을 비방하지 말며 네 이웃의 피를 흘려 이익을 도모하지 말라. 나는 여호와이니라.

Do not go about spreading slander among your people. Do not do anything that endangers your neighbor's life. I am the LORD.

19:17 **Do not hate your brother in your heart.**
너는 네 형제를 마음으로 미워하지 말며

Do not hate your brother in your heart. **Rebuke your neighbor frankly**
너는 네 형제를 마음으로 미워하지 말며 네 이웃을 반드시 견책하라.

Do not hate your brother in your heart. Rebuke your neighbor frankly **so you will not share in his guilt.**
너는 네 형제를 마음으로 미워하지 말며 네 이웃을 반드시 견책하라. 그러면 네가 그에 대하여 죄를 담당하지 아니하리라.

Do not hate your brother in your heart. Rebuke your neighbor frankly so you will not share in his guilt.

19:18 **Do not seek revenge**
원수를 갚지 말며

Do not seek revenge **or bear a grudge against one of your people,**
원수를 갚지 말며 동포를 원망하지 말며

Do not seek revenge or bear a grudge against one of your people, **but love your neighbor as yourself. I am the LORD.**
원수를 갚지 말며 동포를 원망하지 말며 네 이웃 사랑하기를 네 자신과 같이 사랑하라. 나는 여호와이니라.

Do not seek revenge or bear a grudge against one of your people, but love your neighbor as yourself. I am the LORD.

19:19 **Keep my decrees. Do not mate different kinds of animals.**
너희는 내 규례를 지킬지어다. 네 가축을 다른 종류와 교미시키지 말며

Keep my decrees. Do not mate different kinds of animals. **Do not plant your field with two kinds of seed.**
너희는 내 규례를 지킬지어다. 네 가축을 다른 종류와 교미시키지 말며 네 밭에 두 종자를 섞어 뿌리지 말며

Keep my decrees. Do not mate different kinds of animals. Do not plant your field with two kinds of seed. **Do not wear clothing woven of two kinds of material.**
너희는 내 규례를 지킬지어다. 네 가축을 다른 종류와 교미시키지 말며 네 밭에 두 종자를 섞어 뿌리지 말며 두 재료로 직조한 옷을 입지 말지며

Keep my decrees. Do not mate different kinds of animals. Do not plant your field with two kinds of seed. Do not wear clothing woven of two kinds of material.

19:20 **If a man sleeps with a woman**
만일 어떤 사람이 여인과 동침하여 설정하면

If a man sleeps with a woman **who is a slave girl promised to another man**
만일 어떤 사람이 다른 사람과 정혼한 여종과 동침하여 설정하면

If a man sleeps with a woman who is a slave girl promised to another man **but who has not been ransomed or given her freedom,**
만일 어떤 사람이 다른 사람과 정혼한 여종 곧 아직 속량되거나 해방되지 못한 여인과 동침하여 설정하면

If a man sleeps with a woman who is a slave girl promised to another man but who has not been ransomed or given her freedom, **there must be due punishment.**
만일 어떤 사람이 다른 사람과 정혼한 여종 곧 아직 속량되거나 해방되지 못한 여인과 동침하여 설정하면 그것은 책망을 받을 일이니라.

If a man sleeps with a woman who is a slave girl promised to another man but who has not been ransomed or given her freedom, there must be due punishment. **Yet they are not to be put to death,**
만일 어떤 사람이 다른 사람과 정혼한 여종 곧 아직 속량되거나 해방되지 못한 여인과 동침하여 설정하면 그것은 책망을 받을 일이니라. 그러나 그들은 죽임을 당하지는 아니하리니

If a man sleeps with a woman who is a slave girl promised to another man but who has not been ransomed or given her freedom, there must be due punishment. Yet they are not to be put to death, **because she had not been freed.**
만일 어떤 사람이 다른 사람과 정혼한 여종 곧 아직 속량되거나 해방되지 못한 여인과 동침하여 설정하면 그것은 책망을 받을 일이니라 그러나 그들은 죽임을 당하지는 아니하리니 그 여인이 해방되지 못하였기 때문이니라.

If a man sleeps with a woman who is a slave girl promised to another man but who has not been ransomed or given her freedom, there must be due punishment. Yet they are not to be put to death, because she had not been freed.

19:21 **The man, however, must bring a ram**
그 남자는 숫양을 끌고 올 것이요

The man, however, must bring a ram **to the entrance to the Tent of Meeting**
그 남자는 숫양을 회막 문으로 끌고 올 것이요

The man, however, must bring a ram to the entrance to the Tent of Meeting **for a guilt offering to the LORD.**
그 남자는 그 속건 제물 곧 속건제 숫양을 회막 문 여호와께로 끌고 올 것이요

The man, however, must bring a ram to the entrance to the Tent of Meeting for a guilt offering to the LORD.

19:22 **With the ram of the guilt offering**
그 속건제의 숫양으로

With the ram of the guilt offering **the priest is to make atonement for him before the LORD**
제사장은 그 속건제의 숫양으로 여호와 앞에 속죄할 것이요

With the ram of the guilt offering the priest is to make atonement for him before the LORD **for the sin he has committed,**
제사장은 그가 범한 죄를 위하여 그 속건제의 숫양으로 여호와 앞에 속죄할 것이요

With the ram of the guilt offering the priest is to make atonement for him before the LORD for the sin he has committed, **and his sin will be forgiven.**
제사장은 그가 범한 죄를 위하여 그 속건제의 숫양으로 여호와 앞에 속죄할 것이요 그리하면 그가 범한 죄를 사함 받으리라.

With the ram of the guilt offering the priest is to make atonement for him before the LORD for the sin he has committed, and his sin will be forgiven.

19:23 **When you enter the land and plant any kind of fruit tree,**
너희가 그 땅에 들어가 각종 과목을 심거든

When you enter the land and plant any kind of fruit tree, **regard its fruit as forbidden.**
너희가 그 땅에 들어가 각종 과목을 심거든 그 열매는 아직 할례 받지 못한 것으로 여기되

When you enter the land and plant any kind of fruit tree, regard its fruit as forbidden. **For three years you are to consider it forbidden; it must not be eaten.**
너희가 그 땅에 들어가 각종 과목을 심거든 그 열매는 아직 할례 받지 못한 것으로 여기되 곧 삼 년 동안 너희는 그것을 할례 받지 못한 것으로 여겨 먹지 말 것이요

When you enter the land and plant any kind of fruit tree, regard its fruit as forbidden. For three years you are to consider it forbidden; it must not be eaten.

19:24 **In the fourth year all its fruit will be holy,**
넷째 해에는 그 모든 과실이 거룩하니

In the fourth year all its fruit will be holy, **an offering of praise to the LORD.**
넷째 해에는 그 모든 과실이 거룩하니 여호와께 드려 찬송할 것이며

In the fourth year all its fruit will be holy, an offering of praise to the LORD.

19:25 **But in the fifth year you may eat its fruit.**
다섯째 해에는 그 열매를 먹을지니

But in the fifth year you may eat its fruit. **In this way your harvest will be increased.**
다섯째 해에는 그 열매를 먹을지니 그리하면 너희에게 그 소산이 풍성하리라.

But in the fifth year you may eat its fruit. In this way your harvest will be increased. **I am the LORD your God.**
다섯째 해에는 그 열매를 먹을지니 그리하면 너희에게 그 소산이 풍성하리라. 나는 너희의 하나님 여호와이니라.

But in the fifth year you may eat its fruit. In this way your harvest will be increased. I am the LORD your God.

19:26 **Do not eat any meat with the blood still in it.**
너희는 무엇이든지 피째 먹지 말며

Do not eat any meat with the blood still in it. **Do not practice divination or sorcery.**
너희는 무엇이든지 피째 먹지 말며 점을 치지 말며 술법을 행하지 말며

Do not eat any meat with the blood still in it. Do not practice divination or sorcery.

19:27 **Do not cut the hair at the sides of your head**
머리 가를 둥글게 깎지 말며

Do not cut the hair at the sides of your head **or clip off the edges of your beard.**
머리 가를 둥글게 깎지 말며 수염 끝을 손상하지 말며

Do not cut the hair at the sides of your head or clip off the edges of your beard.

19:28 **Do not cut your bodies for the dead**
죽은 자 때문에 너희의 살에 문신을 하지 말며

Do not cut your bodies for the dead **or put tattoo marks on yourselves. I am the LORD.**
죽은 자 때문에 너희의 살에 문신을 하지 말며 무늬를 놓지 말라. 나는 여호와이니라.

Do not cut your bodies for the dead or put tattoo marks on yourselves. I am the LORD.

19:29 **Do not degrade your daughter by making her a prostitute,**
네 딸을 더럽혀 창녀가 되게 하지 말라.

Do not degrade your daughter by making her a prostitute, **or the land will turn to prostitution**
네 딸을 더럽혀 창녀가 되게 하지 말라. 음행이 전국에 퍼져

Do not degrade your daughter by making her a prostitute, or the land will turn to prostitution **and be filled with wickedness.**
네 딸을 더럽혀 창녀가 되게 하지 말라. 음행이 전국에 퍼져 죄악이 가득할까 하노라.

Do not degrade your daughter by making her a prostitute, or the land will turn to prostitution and be filled with wickedness.

19:30 **Observe my Sabbaths**
내 안식일을 지키고

Observe my Sabbaths **and have reverence for my sanctuary. I am the LORD.**
내 안식일을 지키고 내 성소를 귀히 여기라. 나는 여호와이니라.

Observe my Sabbaths and have reverence for my sanctuary. I am the LORD.

19:31 **Do not turn to mediums or seek out spiritists,**
너희는 신접한 자와 박수를 믿지 말며

Do not turn to mediums or seek out spiritists, **for you will be defiled by them.**
너희는 신접한 자와 박수를 믿지 말며 그들을 추종하여 스스로 더럽히지 말라.

Do not turn to mediums or seek out spiritists, for you will be defiled by them. **I am the LORD your God.**
너희는 신접한 자와 박수를 믿지 말며 그들을 추종하여 스스로 더럽히지 말라. 나는 너희 하나님 여호와이니라.

Do not turn to mediums or seek out spiritists, for you will be defiled by them. I am the LORD your God.

19:32 **Rise in the presence of the aged,**
너는 센 머리 앞에서 일어서고

Rise in the presence of the aged, **show respect for the elderly and revere your God. I am the LORD.**
너는 센 머리 앞에서 일어서고 노인의 얼굴을 공경하며 네 하나님을 경외하라. 나는 여호와이니라.

Rise in the presence of the aged, show respect for the elderly and

revere your God. I am the LORD.

19:33 **When an alien lives with you in your land,**
거류민이 너희의 땅에 거류하여 함께 있거든

When an alien lives with you in your land, **do not mistreat him.**
거류민이 너희의 땅에 거류하여 함께 있거든 너희는 그를 학대하지 말고

When an alien lives with you in your land, do not mistreat him.

19:34 **The alien living with you must be treated as one of your native-born.**
너희와 함께 있는 거류민을 너희 중에서 낳은 자같이 여기며

The alien living with you must be treated as one of your native-born. **Love him as yourself, for you were aliens in Egypt.**
너희와 함께 있는 거류민을 너희 중에서 낳은 자같이 여기며 자기같이 사랑하라. 너희도 애굽 땅에서 거류민이 되었었느니라.

The alien living with you must be treated as one of your native-born. Love him as yourself, for you were aliens in Egypt. **I am the LORD your God.**
너희와 함께 있는 거류민을 너희 중에서 낳은 자같이 여기며 자기같이 사랑하라. 너희도 애굽 땅에서 거류민이 되었었느니라. 나는 너희의 하나님 여호와이니라.

The alien living with you must be treated as one of your native-born. Love him as yourself, for you were aliens in Egypt. I am the LORD your God.

19:35 **Do not use dishonest standards when measuring length,**
너희는 재판할 때나 길이를 잴 때 불의를 행하지 말고

Do not use dishonest standards when measuring length, **weight or quantity.**
너희는 재판할 때나 길이나 무게나 양을 잴 때 불의를 행하지 말고

Do not use dishonest standards when measuring length, weight or quantity.

19:36 **Use honest scales and honest weights,**
공평한 저울과 공평한 추를 사용하라.

Use honest scales and honest weights, **an honest ephah and an honest hin.**
공평한 저울과 공평한 추와 공평한 에바와 공평한 힌을 사용하라.

Use honest scales and honest weights, an honest ephah and an
190 honest hin. **I am the LORD your God, who brought you out of Egypt.**
공평한 저울과 공평한 추와 공평한 에바와 공평한 힌을 사용하라. 나는 너희를 인도하여 애굽 땅에서 나오게 한 너희의 하나님 여호와이니라.

Use honest scales and honest weights, an honest ephah and an honest hin. I am the LORD your God, who brought you out of Egypt.

19:37 **Keep all my decrees and all my laws and follow them. I am the LORD."**
너희는 내 모든 규례와 내 모든 법도를 지켜 행하라. 나는 여호와이니라.

Keep all my decrees and all my laws and follow them. I am the LORD."

desecrate v. ~의 신성을 모독하다. 부정한 용도에 쓰다 | gleaning n. 수확하고 남은 것 | profane v. ~을 모독하다 | defraud v. 속여 빼앗다 | pervert v. ~을 빗나가게 하다 | favoritism n. 편듦 | slander n. 중상, 비방 | rebuke v. 책망하다 | grudge n. 원한, 앙심

| divination n. 점(占) | sorcery n. 마법, 마술 | prostitute n. 매춘부 | prostitution n. 매춘 | sanctuary n. 성소 | spiritist n. 강신술사 | defile v. ~을 더럽히다

안식년과 희년(The Sabbath Year and the Year of Jubilee, 25:1–12)

6년 후의 7년째, 마흔아홉 해 다음의 50년째는 땅이든 사람이든 안식하고 회복시키라는 법은 하나님의 명령이다. 그것은 풍요에 풍요로 더하며 이 땅과 사람들을 하나님의 뜻으로 회복시켜 영원히 순환케 하고자 하시는 하나님의 뜻이다.

하나님의 법은 지킬 때 복이 임하며, 우리는 그것을 통해 하나님의 경륜을 이해할 수 있다. 하나님의 법은 하나님이다.

25:1 **The LORD said to Moses on Mount Sinai,**
여호와께서 시내 산에서 모세에게 말씀하여 이르시되

The LORD said to Moses on Mount Sinai,

25:2 **"Speak to the Israelites and say to them:**
이스라엘 자손에게 말하여 이르라.

"Speak to the Israelites and say to them: **'When you enter the land I am going to give you,**
이스라엘 자손에게 말하여 이르라. 너희는 내가 너희에게 주는 땅에 들어간 후에

"Speak to the Israelites and say to them: 'When you enter the land I am going to give you, **the land itself must observe a sabbath to the LORD.**
이스라엘 자손에게 말하여 이르라. 너희는 내가 너희에게 주는 땅에 들어간

후에 그 땅으로 여호와 앞에 안식하게 하라.

"Speak to the Israelites and say to them: 'When you enter the land I am going to give you, the land itself must observe a sabbath to the LORD.

25:3 **For six years sow your fields,**
너는 육 년 동안 그 밭에 파종하며

For six years sow your fields, **and for six years prune your vineyards**
너는 육 년 동안 그 밭에 파종하며 육 년 동안 그 포도원을 가꾸어

For six years sow your fields, and for six years prune your vineyards **and gather their crops.**
너는 육 년 동안 그 밭에 파종하며 육 년 동안 그 포도원을 가꾸어 그 소출을 거둘 것이나

For six years sow your fields, and for six years prune your vineyards and gather their crops.

25:4 **But in the seventh year the land is to have a sabbath of rest,**
일곱째 해에는 그 땅이 쉬어 안식하게 할지니

But in the seventh year the land is to have a sabbath of rest, **a sabbath to the LORD.**
일곱째 해에는 그 땅이 쉬어 안식하게 할지니 여호와께 대한 안식이라.

But in the seventh year the land is to have a sabbath of rest, a sabbath to the LORD. **Do not sow your fields or prune your vineyards.**
일곱째 해에는 그 땅이 쉬어 안식하게 할지니 여호와께 대한 안식이라. 너는 그 밭에 파종하거나 포도원을 가꾸지 말며

But in the seventh year the land is to have a sabbath of rest, a sabbath to the LORD. Do not sow your fields or prune your vineyards.

25:5 **Do not reap what grows of itself**
네가 거둔 후에 자라난 것을 거두지 말고

Do not reap what grows of itself **or harvest the grapes of your untended vines.**
네가 거둔 후에 자라난 것을 거두지 말고 가꾸지 아니한 포도나무가 맺은 열매를 거두지 말라.

Do not reap what grows of itself or harvest the grapes of your untended vines. **The land is to have a year of rest.**
네가 거둔 후에 자라난 것을 거두지 말고 가꾸지 아니한 포도나무가 맺은 열매를 거두지 말라. 이는 땅의 안식년임이니라.

Do not reap what grows of itself or harvest the grapes of your untended vines. The land is to have a year of rest.

25:6 **Whatever the land yields during the sabbath year**
안식년의 소출은

Whatever the land yields during the sabbath year **will be food for you**
안식년의 소출은 너희가 먹을 것이니

Whatever the land yields during the sabbath year will be food for you—**for yourself, your manservant and maidservant, and the hired worker**
안식년의 소출은 너희가 먹을 것이니 너와 네 남종과 네 여종과 네 품꾼과

Whatever the land yields during the sabbath year will be food for you—for yourself, your manservant and maidservant, and the hired worker **and temporary resident who live among you,**
안식년의 소출은 너희가 먹을 것이니 너와 네 남종과 네 여종과 네 품꾼과 너와 함께 거류하는 자들과

Whatever the land yields during the sabbath year will be food for you—for yourself, your manservant and maidservant, and the hired worker and temporary resident who live among you,

25:7 **as well as for your livestock and the wild animals in your land.**
네 가축과 네 땅에 있는 들짐승들이

as well as for your livestock and the wild animals in your land. **Whatever the land produces may be eaten.**
네 가축과 네 땅에 있는 들짐승들이 다 그 소출로 먹을 것을 삼을지니라.

as well as for your livestock and the wild animals in your land. Whatever the land produces may be eaten.

25:8 **Count off seven sabbaths of years—seven times seven years**
너는 일곱 안식년을 계수할지니 이는 칠 년이 일곱 번인즉

Count off seven sabbaths of years—seven times seven years—**so that the seven sabbaths of years amount to a period of forty-nine years.**
너는 일곱 안식년을 계수할지니 이는 칠 년이 일곱 번인즉 안식년 일곱 번 동안 곧 사십구 년이라.

Count off seven sabbaths of years—seven times seven years—so that the seven sabbaths of years amount to a period of forty-nine years.

25:9 **Then have the trumpet sounded everywhere**
너는 뿔나팔 소리를 내되

Then have the trumpet sounded everywhere **on the tenth day of the seventh month;**
일곱째 달 열흘날은 너는 뿔나팔 소리를 내되

Then have the trumpet sounded everywhere on the tenth day of the seventh month; **on the Day of Atonement sound the trumpet throughout your land.**
일곱째 달 열흘날은 속죄일이니 너는 뿔나팔 소리를 내되 전국에서 뿔나팔을 크게 불지며

Then have the trumpet sounded everywhere on the tenth day of the seventh month; on the Day of Atonement sound the trumpet throughout your land.

195

25:10 **Consecrate the fiftieth year**
너희는 오십 년째 해를 거룩하게 하여

Consecrate the fiftieth year **and proclaim liberty throughout the land to all its inhabitants.**
너희는 오십 년째 해를 거룩하게 하여 그 땅에 있는 모든 주민을 위하여 자유를 공포하라.

Consecrate the fiftieth year and proclaim liberty throughout the land to all its inhabitants. **It shall be a jubilee for you;**
너희는 오십 년째 해를 거룩하게 하여 그 땅에 있는 모든 주민을 위하여 자유를 공포하라. 이 해는 너희에게 희년이니

Consecrate the fiftieth year and proclaim liberty throughout the land to all its inhabitants. It shall be a jubilee for you; **each one of you is to return to his family property**

너희는 오십 년째 해를 거룩하게 하여 그 땅에 있는 모든 주민을 위하여 자유를 공포하라. 이 해는 너희에게 희년이니 너희는 각각 자기의 소유지로 돌아가며

Consecrate the fiftieth year and proclaim liberty throughout the land to all its inhabitants. It shall be a jubilee for you; each one of you is to return to his family property **and each to his own clan.**
너희는 오십 년째 해를 거룩하게 하여 그 땅에 있는 모든 주민을 위하여 자유를 공포하라. 이 해는 너희에게 희년이니 너희는 각각 자기의 소유지로 돌아가며 각각 자기의 가족에게로 돌아갈지며

Consecrate the fiftieth year and proclaim liberty throughout the land to all its inhabitants. It shall be a jubilee for you; each one of you is to return to his family property and each to his own clan.

25:11 **The fiftieth year shall be a jubilee for you;**
그 오십 년째 해는 너희의 희년이니

The fiftieth year shall be a jubilee for you; **do not sow and do not reap what grows of itself**
그 오십 년째 해는 너희의 희년이니 너희는 파종하지 말며 스스로 난 것을 거두지 말며

The fiftieth year shall be a jubilee for you; do not sow and do not reap what grows of itself **or harvest the untended vines.**
그 오십 년째 해는 너희의 희년이니 너희는 파종하지 말며 스스로 난 것을 거두지 말며 가꾸지 아니한 포도를 거두지 말라.

The fiftieth year shall be a jubilee for you; do not sow and do not reap what grows of itself or harvest the untended vines.

25:12 **For it is a jubilee and is to be holy for you;**

이는 희년이니 너희에게 거룩함이니라.

For it is a jubilee and is to be holy for you; **eat only what is taken directly from the fields.**
이는 희년이니 너희에게 거룩함이니라. 너희는 밭의 소출을 먹으리라.

For it is a jubilee and is to be holy for you; eat only what is taken directly from the fields.

prune v. 가지를 치다 | consecrate v. 성별하다, 거룩하게 하다 | clan n. 일가, 일족

민수기(Numbers)

원래 '민수기'의 제목은 이 책의 첫 단어인 '와예다벨(야훼께서 말씀하셨다)'이었지만 좀 더 나중엔 책 첫 문장의 다섯 번째 단어인 '브미드발(광야에서)'로 바뀌었다. 그런데 그리스어 성경인 칠십인 역 성경에서 이 책에서 여러 번의 인구조사, 장정과 성소 집무자, 희생제물의 수 등 숫자가 많이 나오는 것에 주목하여 책이름을 '아리트모이(숫자들)'라고 붙인 것이 이 책의 제목으로 자리 잡게 되었다.

이 책의 내용은 이스라엘이 시내산을 출발하여 요단강에 이르기까지 약 38년간의 기록이다. 이 광야 생활 중 이스라엘은 늘 불평으로 세월을 허비하지만 하나님은 항상 그분의 언약을 신실히 이행하셨다.

우리는 이 책을 통해 기어코 당신의 역사를 이루어 가시는 하나님의 아픈 가슴을 이해할 수 있어야 한다.

제사장을 통한 축복(The Priestly Blessing, 6:22–27)

제사장은 제사만 주관하는 것이 아니다. 하나님의 복을 백성에게 선포하는 일도 제사장의 중요한 사역이다. 그리고 이것은 그저 하나님이 시키시는 대로 백성들을 축복하는 것이었다. 그 축복의 언어가 백성들을 복되게 했다.

오늘 이 시대엔 모든 사람이 하나님 앞에 선 제사장이다. 당신은 이 축복의 언어로 온 세상을 복되게 할 수 있다.

6:22 The LORD said to Moses,
여호와께서 모세에게 말씀하여 이르시되

The LORD said to Moses,

6:23 "Tell Aaron and his sons,
아론과 그의 아들들에게 말하여 이르기를

"Tell Aaron and his sons, 'This is how you are to bless the Israelites. Say to them:
아론과 그의 아들들에게 말하여 이르기를 너희는 이스라엘 자손을 위하여 이렇게 축복하여 이르되

"Tell Aaron and his sons, 'This is how you are to bless the Israelites. Say to them:

6:24 The LORD bless you and keep you;
여호와는 네게 복을 주시고 너를 지키시기를 원하며

The LORD bless you and keep you;

6:25 the LORD make his face shine upon you
여호와는 그의 얼굴을 네게 비추사

the LORD make his face shine upon you and be gracious to you;
여호와는 그의 얼굴을 네게 비추사 은혜 베푸시기를 원하며

the LORD make his face shine upon you and be gracious to you;

6:26 the LORD turn his face toward you

여호와는 그 얼굴을 네게로 향하여 드사

the LORD turn his face toward you **and give you peace.'**
여호와는 그 얼굴을 네게로 향하여 드사 평강 주시기를 원하노라 할지니라 하라.

the LORD turn his face toward you and give you peace.'

6:27 **So they will put my name on the Israelites,**
그들은 이같이 내 이름으로 이스라엘 자손에게 축복할지니

So they will put my name on the Israelites, **and I will bless them."**
그들은 이같이 내 이름으로 이스라엘 자손에게 축복할지니 내가 그들에게 복을 주리라.

So they will put my name on the Israelites, and I will bless them."

성막 위에 임한 구름(The Cloud above the Tabernacle, 9:15–23)

이스라엘이 하나님을 위해 성막을 세운 날 구름이 그 성막을 덮었다. 그날 이후로 구름이 움직이면 이스라엘은 행진했고 구름이 머무르는 곳에서 백성들은 캠프를 쳤다.

그들은 날마다 그 구름을 주시했고 구름이 움직이는 대로 행했다. 그 구름이 한 달이든지 일 년이든지 성막 위에 머물러 있으면 백성들도 그대로 그곳에 머물렀다.

그 구름은 하나님의 임재였으며 또한 하나님의 메시지였다. 하나님을 바라보며 항상 하나님과 함께하는 당신이 바로 인생의 성공자이다.

9:15 **On the day the tabernacle, the Tent of the Testimony, was set up,**
성막, 곧 증거의 성막을 세운 날에

On the day the tabernacle, the Tent of the Testimony, was set up, **the cloud covered it.**
성막을 세운 날에 구름이 성막 곧 증거의 성막을 덮었고

On the day the tabernacle, the Tent of the Testimony, was set up, the cloud covered it. **From evening till morning the cloud above the tabernacle looked like fire.**
성막을 세운 날에 구름이 성막 곧 증거의 성막을 덮었고 저녁이 되면 성막 위에 불 모양 같은 것이 나타나서 아침까지 이르렀으되

On the day the tabernacle, the Tent of the Testimony, was set up, the cloud covered it. From evening till morning the cloud above the tabernacle looked like fire.

9:16 **That is how it continued to be;**
항상 그러하여

That is how it continued to be; **the cloud covered it,**
항상 그러하여 (낮에는) 구름이 그것을 덮었고

That is how it continued to be; the cloud covered it, **and at night it looked like fire.**
항상 그러하여 (낮에는) 구름이 그것을 덮었고 밤이면 불 모양이 있었는데

That is how it continued to be; the cloud covered it, and at night it looked like fire.

9:17 **Whenever the cloud lifted from above the Tent,**
구름이 성막에서 떠오르는 때에는

Whenever the cloud lifted from above the Tent, **the Israelites set out;**
구름이 성막에서 떠오르는 때에는 이스라엘 자손이 곧 행진하였고

Whenever the cloud lifted from above the Tent, the Israelites set out; **wherever the cloud settled, the Israelites encamped.**
구름이 성막에서 떠오르는 때에는 이스라엘 자손이 곧 행진하였고 구름이 머무는 곳에 이스라엘 자손이 진을 쳤으니

Whenever the cloud lifted from above the Tent, the Israelites set out; wherever the cloud settled, the Israelites encamped.

9:18 **At the LORD's command the Israelites set out,**
이스라엘 자손이 여호와의 명령을 따라 행진하였고

At the LORD's command the Israelites set out, **and at his command they encamped.**
이스라엘 자손이 여호와의 명령을 따라 행진하였고 여호와의 명령을 따라 진을 쳤으며

At the LORD's command the Israelites set out, and at his command they encamped. **As long as the cloud stayed over the tabernacle,**
이스라엘 자손이 여호와의 명령을 따라 행진하였고 여호와의 명령을 따라 진을 쳤으며 구름이 성막 위에 머무는 동안에는

At the LORD's command the Israelites set out, and at his command they encamped. As long as the cloud stayed over the tabernacle, **they remained in camp.**
이스라엘 자손이 여호와의 명령을 따라 행진하였고 여호와의 명령을 따라 진을 쳤으며 구름이 성막 위에 머무는 동안에는 그들이 진영에 머물렀고

At the LORD's command the Israelites set out, and at his command they encamped. As long as the cloud stayed over the tabernacle, they remained in camp.

9:19 **When the cloud remained over the tabernacle a long time,**
구름이 성막 위에 머무는 날이 오랠 때에는

When the cloud remained over the tabernacle a long time, **the Israelites obeyed the LORD's order and did not set out.**
구름이 성막 위에 머무는 날이 오랠 때에는 이스라엘 자손이 여호와의 명령을 지켜 행진하지 아니하였으며

When the cloud remained over the tabernacle a long time, the Israelites obeyed the LORD's order and did not set out.

9:20 **Sometimes the cloud was over the tabernacle only a few days;**
혹시 구름이 성막 위에 머무는 날이 적을 때에도

Sometimes the cloud was over the tabernacle only a few days; **at the LORD's command they would encamp,**
혹시 구름이 성막 위에 머무는 날이 적을 때에도 그들이 다만 여호와의 명령을 따라 진영에 머물고

Sometimes the cloud was over the tabernacle only a few days; at the LORD's command they would encamp, **and then at his command they would set out.**
혹시 구름이 성막 위에 머무는 날이 적을 때에도 그들이 다만 여호와의 명령을 따라 진영에 머물고 여호와의 명령을 따라 행진하였으며

Sometimes the cloud was over the tabernacle only a few days; at the LORD's command they would encamp, and then at his command they would set out.

9:21 **Sometimes the cloud stayed only from evening till morning,**
혹시 구름이 저녁부터 아침까지 있다가

Sometimes the cloud stayed only from evening till morning, **and when it lifted in the morning, they set out.**
혹시 구름이 저녁부터 아침까지 있다가 아침에 그 구름이 떠오를 때에는 그들이 행진하였고

Sometimes the cloud stayed only from evening till morning, and when it lifted in the morning, they set out. **Whether by day or by night, whenever the cloud lifted, they set out.**
혹시 구름이 저녁부터 아침까지 있다가 아침에 그 구름이 떠오를 때에는 그들이 행진하였고 구름이 밤낮 있다가 떠오르면 곧 행진하였으며

Sometimes the cloud stayed only from evening till morning, and when it lifted in the morning, they set out. Whether by day or by night, whenever the cloud lifted, they set out.

9:22 **Whether the cloud stayed over the tabernacle for two days or a month or a year,**
이틀이든지 한 달이든지 일 년이든지 구름이 성막 위에 머물러 있을 동안에는

Whether the cloud stayed over the tabernacle for two days or a month or a year, **the Israelites would remain in camp and not set out;**
이틀이든지 한 달이든지 일 년이든지 구름이 성막 위에 머물러 있을 동안에는 이스라엘 자손이 진영에 머물고 행진하지 아니하다가

Whether the cloud stayed over the tabernacle for two days or a month or a year, the Israelites would remain in camp and not set out; **but when it lifted, they would set out.**
이틀이든지 한 달이든지 일 년이든지 구름이 성막 위에 머물러 있을 동안에는 이스라엘 자손이 진영에 머물고 행진하지 아니하다가 떠오르면 행진하였으니

Whether the cloud stayed over the tabernacle for two days or a

month or a year, the Israelites would remain in camp and not set out; but when it lifted, they would set out.

9:23 **At the LORD's command they encamped,**
곧 그들이 여호와의 명령을 따라 진을 치며

At the LORD's command they encamped, **and at the LORD's command they set out.**
곧 그들이 여호와의 명령을 따라 진을 치며 여호와의 명령을 따라 행진하고

At the LORD's command they encamped, and at the LORD's command they set out. **They obeyed the LORD's order,**
곧 그들이 여호와의 명령을 따라 진을 치며 여호와의 명령을 따라 행진하고 여호와의 직임을 지켰더라.

At the LORD's command they encamped, and at the LORD'S command they set out. They obeyed the LORD's order, **in accordance with his command through Moses.**
곧 그들이 여호와의 명령을 따라 진을 치며 여호와의 명령을 따라 행진하고 또 모세를 통하여 이르신 여호와의 명령을 따라 여호와의 직임을 지켰더라.

At the LORD's command they encamped, and at the LORD's command they set out. They obeyed the LORD's order, in accordance with his command through Moses.

반석에서 물이 솟다(Water from the Rock, 20:1–13)

물은 사람이 만들 수 없다. 하나님이 공급해 주시는 것이다. 이스라엘은 물이 없어 목말라 가슴이 타들어 가 모세와 다툰다. 모세와 아론은 이 일로 인해 하나님 앞에 엎드리고 여전하신 하나님은 그들을 통해 물을 내게 하신다. 모세와 아론은 반석을 쳐서 물을 내었고 목마른

회중은 그 물을 마셨다.

하지만 그들은 목적을 달성했지만 잃은 것이 있었다. 회중은 위기에 처했을 때에 지도자를 원망했고, 하나님의 명령을 듣고 물을 내었던 모세는 분을 내어 하나님의 거룩을 나타내지 않았다.

얻고서도 잃어버리면 실패하는 것이다. 그 일로 인해 모세는 가나안에 들어가지 못한다. 성공에도 수준이 있다.

20:1 **In the first month the whole Israelite community arrived at the Desert of Zin,**
첫째 달에 이스라엘 자손 곧 온 회중이 신 광야에 이르러

In the first month the whole Israelite community arrived at the Desert of Zin, **and they stayed at Kadesh.**
첫째 달에 이스라엘 자손 곧 온 회중이 신 광야에 이르러 백성이 가데스에 이르더니

In the first month the whole Israelite community arrived at the Desert of Zin, and they stayed at Kadesh. **There Miriam died and was buried.**
첫째 달에 이스라엘 자손 곧 온 회중이 신 광야에 이르러 백성이 가데스에 이르더니 미리암이 거기서 죽으매 거기에 장사되니라.

In the first month the whole Israelite community arrived at the Desert of Zin, and they stayed at Kadesh. There Miriam died and was buried.

20:2 **Now there was no water for the community,**
회중이 물이 없으므로

Now there was no water for the community, **and the people**

gathered in opposition to Moses and Aaron.
회중이 물이 없으므로 모세와 아론에게로 모여드니라.

Now there was no water for the community, and the people gathered in opposition to Moses and Aaron.

20:3 **They quarreled with Moses and said,**
백성이 모세와 다투어 말하여 이르되

They quarreled with Moses and said, **"If only we had died when our brothers fell dead**
백성이 모세와 다투어 말하여 이르되 우리 형제들이 죽을 때에 우리도 죽었더라면 좋을 뻔하였도다.

They quarreled with Moses and said, "If only we had died when our brothers fell dead **before the LORD!**
백성이 모세와 다투어 말하여 이르되 우리 형제들이 여호와 앞에서 죽을 때에 우리도 죽었더라면 좋을 뻔하였도다.

They quarreled with Moses and said, "If only we had died when our brothers fell dead before the LORD!

20:4 **Why did you bring the LORD's community into this desert,**
너희가 어찌하여 여호와의 회중을 이 광야로 인도하여

Why did you bring the LORD's community into this desert, **that we and our livestock should die here?**
너희가 어찌하여 여호와의 회중을 이 광야로 인도하여 우리와 우리 짐승이 다 여기서 죽게 하느냐?

Why did you bring the LORD's community into this desert, that we and our livestock should die here?

207

20:5 **Why did you bring us up out of Egypt to this terrible place?**
너희가 어찌하여 우리를 애굽에서 나오게 하여 이 나쁜 곳으로 인도하였느냐?

Why did you bring us up out of Egypt to this terrible place? **It has no grain or figs, grapevines or pomegranates.**
너희가 어찌하여 우리를 애굽에서 나오게 하여 이 나쁜 곳으로 인도하였느냐? 이곳에는 파종할 곳이 없고 무화과도 없고 포도도 없고 석류도 없고

Why did you bring us up out of Egypt to this terrible place? It has no grain or figs, grapevines or pomegranates. **And there is no water to drink!"**
너희가 어찌하여 우리를 애굽에서 나오게 하여 이 나쁜 곳으로 인도하였느냐? 이곳에는 파종할 곳이 없고 무화과도 없고 포도도 없고 석류도 없고 마실 물도 없도다.

Why did you bring us up out of Egypt to this terrible place? It has no grain or figs, grapevines or pomegranates. And there is no water to drink!"

20:6 **Moses and Aaron went from the assembly**
모세와 아론이 회중 앞을 떠나

Moses and Aaron went from the assembly **to the entrance to the Tent of Meeting and fell facedown,**
모세와 아론이 회중 앞을 떠나 회막 문에 이르러 엎드리매

Moses and Aaron went from the assembly to the entrance to the Tent of Meeting and fell facedown, **and the glory of the LORD appeared to them.**
모세와 아론이 회중 앞을 떠나 회막 문에 이르러 엎드리매 여호와의 영광이 그들에게 나타나며

Moses and Aaron went from the assembly to the entrance to the

Tent of Meeting and fell facedown, and the glory of the LORD appeared to them.

20:7 The LORD said to Moses,
여호와께서 모세에게 말씀하여 이르시되

The LORD said to Moses,

20:8 "Take the staff,
지팡이를 가지고

"Take the staff, and you and your brother Aaron gather the assembly together.
지팡이를 가지고 네 형 아론과 함께 회중을 모으고

"Take the staff, and you and your brother Aaron gather the assembly together. Speak to that rock before their eyes
지팡이를 가지고 네 형 아론과 함께 회중을 모으고 그들의 목전에서 너희는 반석에게 명령하여

"Take the staff, and you and your brother Aaron gather the assembly together. Speak to that rock before their eyes and it will pour out its water.
지팡이를 가지고 네 형 아론과 함께 회중을 모으고 그들의 목전에서 너희는 반석에게 명령하여 물을 내라 하라.

"Take the staff, and you and your brother Aaron gather the assembly together. Speak to that rock before their eyes and it will pour out its water. You will bring water out of the rock for the community
지팡이를 가지고 네 형 아론과 함께 회중을 모으고 그들의 목전에서 너희는 반석에게 명령하여 물을 내라 하라. 네가 그 반석이 물을 내게 하여

"Take the staff, and you and your brother Aaron gather the assembly together. Speak to that rock before their eyes and it will pour out its water. You will bring water out of the rock for the community **so they and their livestock can drink."**
지팡이를 가지고 네 형 아론과 함께 회중을 모으고 그들의 목전에서 너희는 반석에게 명령하여 물을 내라 하라. 네가 그 반석이 물을 내게 하여 회중과 그들의 짐승에게 마시게 할지니라.

"Take the staff, and you and your brother Aaron gather the assembly together. Speak to that rock before their eyes and it will pour out its water. You will bring water out of the rock for the community so they and their livestock can drink."

20:9 **So Moses took the staff from the LORD's presence,**
모세가 여호와 앞에서 지팡이를 잡으니라.

So Moses took the staff from the LORD's presence, **just as he commanded him.**
모세가 그 명령대로 여호와 앞에서 지팡이를 잡으니라.

So Moses took the staff from the LORD's presence, just as he commanded him.

20:10 **He and Aaron gathered the assembly together**
모세와 아론이 회중을 모으고

He and Aaron gathered the assembly together **in front of the rock and Moses said to them,**
모세와 아론이 회중을 그 반석 앞에 모으고 모세가 그들에게 이르되

He and Aaron gathered the assembly together in front of the rock and Moses said to them, **"Listen, you rebels, must we bring you**

water out of this rock?"
모세와 아론이 회중을 그 반석 앞에 모으고 모세가 그들에게 이르되 반역
한 너희여 들으라. 우리가 너희를 위하여 이 반석에서 물을 내랴 하고

He and Aaron gathered the assembly together in front of the rock and Moses said to them, "Listen, you rebels, must we bring you water out of this rock?"

20:11 **Then Moses raised his arm and struck the rock twice with his staff.**
모세가 그의 손을 들어 그의 지팡이로 반석을 두 번 치니

Then Moses raised his arm and struck the rock twice with his staff. **Water gushed out, and the community and their livestock drank.**
모세가 그의 손을 들어 그의 지팡이로 반석을 두 번 치니 물이 많이 솟아나오므로 회중과 그들의 짐승이 마시니라.

Then Moses raised his arm and struck the rock twice with his staff. Water gushed out, and the community and their livestock drank.

20:12 **But the LORD said to Moses and Aaron,**
여호와께서 모세와 아론에게 이르시되

But the LORD said to Moses and Aaron, **"Because you did not trust in me**
여호와께서 모세와 아론에게 이르시되 너희가 나를 믿지 아니하고

But the LORD said to Moses and Aaron, "Because you did not trust in me **enough to honor me as holy in the sight of the Israelites,**
여호와께서 모세와 아론에게 이르시되 너희가 나를 믿지 아니하고 이스라엘 자손의 목전에서 내 거룩함을 나타내지 아니한 고로

But the LORD said to Moses and Aaron, "Because you did not trust in me enough to honor me as holy in the sight of the Israelites, **you will not bring this community into the land I give them."**
여호와께서 모세와 아론에게 이르시되 너희가 나를 믿지 아니하고 이스라엘 자손의 목전에서 내 거룩함을 나타내지 아니한 고로 너희는 이 회중을 내가 그들에게 준 땅으로 인도하여 들이지 못하리라 하시니라.

But the LORD said to Moses and Aaron, "Because you did not trust in me enough to honor me as holy in the sight of the Israelites, you will not bring this community into the land I give them."

20:13 **These were the waters of Meribah,**
이를 므리바 물이라 하니라.

These were the waters of Meribah, **where the Israelites quarreled with the LORD**
이스라엘 자손이 여호와와 다투었으므로 이를 므리바 물이라 하니라.

These were the waters of Meribah, where the Israelites quarreled with the LORD **and where he showed himself holy among them.**
이스라엘 자손이 여호와와 다투었으므로 이를 므리바 물이라 하니라. 여호와께서 그들 중에서 그 거룩함을 나타내셨더라.

These were the waters of Meribah, where the Israelites quarreled with the LORD and where he showed himself holy among them.

pomegranate n. 석류 | staff n. 막대기, 지팡이 | gush v. 분출하다

놋뱀(The Bronze Snake, 21:4–9)

이스라엘은 호르 산(Mount Hor)을 출발하여 홍해 길을 따라 에돔 땅을 우회하려 하다 그 길이 멀어 하나님과 모세를 향해 원망한다. "어

찌하여 우리를 애굽에서 인도하여 내어 이 광야에서 죽게 하는가. 이곳에는 먹을 것도 없고 물도 없도다. 우리는 이 하찮은 음식에 질렸도다."

하나님을 향해 원망을 쏟아 놓는 백성을 향해 하나님은 불뱀을 보내시고, 많은 백성이 이것에 물려 죽는다. 죽음에 파묻혀 울부짖는 그들을 위해 하나님은 장대에 놋뱀을 매달게 하고 그것을 보는 사람은 다시 생명을 보전하도록 하셨다.

그들은 물이 없어 죽지 않았다. 원망 때문에 불뱀에 물려 죽었다. 위기를 만났다고 사람은 죽지 않는다. 단지 그것으로 인해 마음을 잃게 된다면 또 다른 복병을 만나 실패하는 것이다. 하나님을 신뢰하는 일이야말로 모든 위기를 기회로 만드는 일이 된다. 마음을 지키는 것이 중요하다. 마음속에 하나님을 모시는 일 말이다.

21:4 **They traveled from Mount Hor along the route to the Red Sea, to go around Edom.**
백성이 호르 산에서 출발하여 홍해 길을 따라 에돔 땅을 우회하려 하였다가

They traveled from Mount Hor along the route to the Red Sea, to go around Edom. **But the people grew impatient on the way;**
백성이 호르 산에서 출발하여 홍해 길을 따라 에돔 땅을 우회하려 하였다가 길로 말미암아 백성의 마음이 상하니라.

They traveled from Mount Hor along the route to the Red Sea, to go around Edom. But the people grew impatient on the way;

21:5 **they spoke against God and against Moses, and said,**
백성이 하나님과 모세를 향하여 원망하되

they spoke against God and against Moses, and said, **"Why have you brought us up out of Egypt to die in the desert?**

백성이 하나님과 모세를 향하여 원망하되 어찌하여 우리를 애굽에서 인도 해 내어 이 광야에서 죽게 하는가.

they spoke against God and against Moses, and said, "Why have you brought us up out of Egypt to die in the desert? **There is no bread! There is no water!**
백성이 하나님과 모세를 향하여 원망하되 어찌하여 우리를 애굽에서 인도 해 내어 이 광야에서 죽게 하는가. 이곳에는 먹을 것도 없고 물도 없도다.

they spoke against God and against Moses, and said, "Why have you brought us up out of Egypt to die in the desert? There is no bread! There is no water! **And we detest this miserable food!"**
백성이 하나님과 모세를 향하여 원망하되 어찌하여 우리를 애굽에서 인도 해 내어 이 광야에서 죽게 하는가. 이곳에는 먹을 것도 없고 물도 없도다. 우리 마음이 이 하찮은 음식을 싫어하노라 하매

they spoke against God and against Moses, and said, "Why have you brought us up out of Egypt to die in the desert? There is no bread! There is no water! And we detest this miserable food!"

21:6 **Then the LORD sent venomous snakes among them;**
여호와께서 불뱀들을 백성 중에 보내어

Then the LORD sent venomous snakes among them; **they bit the people and many Israelites died.**
여호와께서 불뱀들을 백성 중에 보내어 백성을 물게 하시므로 이스라엘 백성 중에 죽은 자가 많은지라.

Then the LORD sent venomous snakes among them; they bit the people and many Israelites died.

21:7 **The people came to Moses and said, "We sinned**

백성이 모세에게 이르러 말하되 우리가 범죄하였사오니

The people came to Moses and said, "We sinned **when we spoke against the LORD and against you.**
백성이 모세에게 이르러 말하되 우리가 여호와와 당신을 향하여 원망함으로 범죄하였사오니

The people came to Moses and said, "We sinned when we spoke against the LORD and against you. **Pray that the LORD will take the snakes away from us."**
백성이 모세에게 이르러 말하되 우리가 여호와와 당신을 향하여 원망함으로 범죄하였사오니 여호와께 기도하여 이 뱀들을 우리에게서 떠나게 하소서.

The people came to Moses and said, "We sinned when we spoke against the LORD and against you. Pray that the LORD will take the snakes away from us." **So Moses prayed for the people.**
백성이 모세에게 이르러 말하되 우리가 여호와와 당신을 향하여 원망함으로 범죄하였사오니 여호와께 기도하여 이 뱀들을 우리에게서 떠나게 하소서. 모세가 백성을 위하여 기도하매

The people came to Moses and said, "We sinned when we spoke against the LORD and against you. Pray that the LORD will take the snakes away from us." So Moses prayed for the people.

21:8 **The LORD said to Moses, "Make a snake and put it up on a pole;**
여호와께서 모세에게 이르시되 불뱀을 만들어 장대 위에 매달아라.

The LORD said to Moses, "Make a snake and put it up on a pole; **anyone who is bitten can look at it and live."**
여호와께서 모세에게 이르시되 불뱀을 만들어 장대 위에 매달아라. 물린 자마다 그것을 보면 살리라.

The LORD said to Moses, "Make a snake and put it up on a pole;

anyone who is bitten can look at it and live."

21:9 **So Moses made a bronze snake and put it up on a pole.**
모세가 놋뱀을 만들어 장대 위에 다니

So Moses made a bronze snake and put it up on a pole. **Then when anyone was bitten by a snake and looked at the bronze snake, he lived.**
모세가 놋뱀을 만들어 장대 위에 다니 뱀에게 물린 자가 놋뱀을 쳐다본즉 모두 살더라.

So Moses made a bronze snake and put it up on a pole. Then when anyone was bitten by a snake and looked at the bronze snake, he lived.

venomous a. 독이 있는

신명기(Deuteronomy)

유대인들은 이 책을 '훈계의 책'이라고 불렀다. 신명기란 '율법의 반복'이란 뜻이다.

이 책에는 모세가 모압 평원에서 백성들에게 당부한 최후의 연설이 수록되어 있다. 지난날의 역사를 거듭 가르치고, 주어진 율법을 재차 확인하며, 그에 따른 순종에 이스라엘의 운명이 달려 있음을 당부하는 모세의 숨결이 서려 있다.

이 위대한 지도자는 언약적인 율법의 중심 내용에 각자가 인격적으로 결단할 것을 촉구하며 이 책을 끝낸다. 위대한 하나님의 법 앞에서 각자가 걸어야 할 길에 대해 결단하지 않으면 안 될 이유를 당신은 이 책에서 깨닫게 된다.

여호와는 하나님이시다(The Lord is God, 4:32-40)

하나님은 변치 않으시는 분이다. 그분은 어제처럼 오늘도 행하시고 오늘처럼 내일도 계속하시는 하나님이다. 두루마리에 새겨진 그분의 말씀이 변함없듯 하나님은 언제나 동일하신 분이다.

모세는 오늘 연설을 통해 지난날 이스라엘과 함께하셨던 하나님을 의뢰하여 그분의 규례와 명령을 지켜 행하면 그들과 그들의 후손이 영원히 복을 받으리라는 말씀을 전한다. 이 말씀은 영원한 진리이며 오늘 당신과 내가 새겨들어야 할 진리이다. 말씀을 믿고 그대로 행하는 자라야 그 축복의 주인공이 될 수 있다.

4:32 **Ask now about the former days, long before your time,**
네가 있기 전 지금까지 지나간 날을 상고하여 보라.

Ask now about the former days, long before your time, **from the day God created man on the earth;**
네가 있기 전 하나님이 사람을 세상에 창조하신 날부터 지금까지 지나간 날을 상고하여 보라.

Ask now about the former days, long before your time, from the day God created man on the earth; **ask from one end of the heavens to the other.**
네가 있기 전 하나님이 사람을 세상에 창조하신 날부터 지금까지 지나간 날을 상고하여 보라. 하늘 이 끝에서 저 끝까지

Ask now about the former days, long before your time, from the day God created man on the earth; ask from one end of the heavens to the other. **Has anything so great as this ever happened,**
네가 있기 전 하나님이 사람을 세상에 창조하신 날부터 지금까지 지나간 날을 상고하여 보라. 하늘 이 끝에서 저 끝까지 이런 큰 일이 있었느냐.

Ask now about the former days, long before your time, from the day God created man on the earth; ask from one end of the heavens to the other. Has anything so great as this ever happened, **or has anything like it ever been heard of?**
네가 있기 전 하나님이 사람을 세상에 창조하신 날부터 지금까지 지나간 날을 상고하여 보라. 하늘 이 끝에서 저 끝까지 이런 큰 일이 있었느냐. 이런 일을 들은 적이 있었느냐.

Ask now about the former days, long before your time, from the day God created man on the earth; ask from one end of the heavens to the other. Has anything so great as this ever happened, or has anything like it ever been heard of?

4:33 **Has any other people heard the voice of God speaking out of fire,**
어떤 국민이 불 가운데에서 말씀하시는 하나님의 음성을 듣고

Has any other people heard the voice of God speaking out of fire, **as you have, and lived?**
어떤 국민이 불 가운데에서 말씀하시는 하나님의 음성을 너처럼 듣고 생존하였느냐.

Has any other people heard the voice of God speaking out of fire, as you have, and lived?

4:34 **Has any god ever tried to take for himself one nation out of another nation,**
어떤 신이 와서 한 민족을 다른 민족에게서 인도하여 낸 일이 있느냐.

Has any god ever tried to take for himself one nation out of another nation, **by testings, by miraculous signs and wonders, by war,**
어떤 신이 와서 시험과 이적과 기사와 전쟁으로 한 민족을 다른 민족에게서 인도하여 낸 일이 있느냐.

Has any god ever tried to take for himself one nation out of another nation, by testings, by miraculous signs and wonders, by war, **by a mighty hand and an outstretched arm, or by great and awesome deeds,**
어떤 신이 와서 시험과 이적과 기사와 전쟁과 강한 손과 편 팔과 크게 두려운 일로 한 민족을 다른 민족에게서 인도하여 낸 일이 있느냐.

Has any god ever tried to take for himself one nation out of another nation, by testings, by miraculous signs and wonders, by war, by a mighty hand and an outstretched arm, or by great and awesome deeds, **like all the things the LORD your God did for you in Egypt before your very eyes?**
어떤 신이 와서 시험과 이적과 기사와 전쟁과 강한 손과 편 팔과 크게 두려

운 일로 한 민족을 다른 민족에게서 인도하여 낸 일이 있느냐. 이는 다 너희의 하나님 여호와께서 애굽에서 너희를 위하여 너희의 목전에서 행하신 일이라.

Has any god ever tried to take for himself one nation out of another nation, by testings, by miraculous signs and wonders, by war, by a mighty hand and an outstretched arm, or by great and awesome deeds, like all the things the LORD your God did for you in Egypt before your very eyes?

4:35 **You were shown these things**
이것을 네게 나타내심은

You were shown these things **so that you might know that the LORD is God;**
이것을 네게 나타내심은 여호와는 하나님이심을 네게 알게 하려 하심이니라.

You were shown these things so that you might know that the LORD is God; **besides him there is no other.**
이것을 네게 나타내심은 여호와는 하나님이시요 그 외에는 다른 신이 없음을 네게 알게 하려 하심이니라.

You were shown these things so that you might know that the LORD is God; besides him there is no other.

4:36 **From heaven he made you hear his voice to discipline you.**
여호와께서 너를 교훈하시려고 하늘에서부터 그의 음성을 네게 듣게 하시며

From heaven he made you hear his voice to discipline you. **On earth he showed you his great fire,**
여호와께서 너를 교훈하시려고 하늘에서부터 그의 음성을 네게 듣게 하시며 땅에서는 그의 큰 불을 네게 보이시고

From heaven he made you hear his voice to discipline you. On earth he showed you his great fire, **and you heard his words from out of the fire.**
여호와께서 너를 교훈하시려고 하늘에서부터 그의 음성을 네게 듣게 하시며 땅에서는 그의 큰 불을 네게 보이시고 네가 불 가운데서 나오는 그의 말씀을 듣게 하셨느니라.

From heaven he made you hear his voice to discipline you. On earth he showed you his great fire, and you heard his words from out of the fire.

4:37 **Because he loved your forefathers and chose their descendants after them,**
여호와께서 네 조상들을 사랑하신 고로 그 후손인 너를 택하시고

Because he loved your forefathers and chose their descendants after them, **he brought you out of Egypt by his Presence and his great strength,**
여호와께서 네 조상들을 사랑하신 고로 그 후손인 너를 택하시고 큰 권능으로 친히 인도하여 애굽에서 나오게 하시며

Because he loved your forefathers and chose their descendants after them, he brought you out of Egypt by his Presence and his great strength,

4:38 **to drive out before you nations greater and stronger than you**
너보다 강대한 여러 민족을 네 앞에서 쫓아내고

to drive out before you nations greater and stronger than you **and to bring you into their land**
너보다 강대한 여러 민족을 네 앞에서 쫓아내고 너를 그들의 땅으로 인도하여 들여서

to drive out before you nations greater and stronger than you and to bring you into their land **to give it to you for your inheritance, as it is today.**
너보다 강대한 여러 민족을 네 앞에서 쫓아내고 너를 그들의 땅으로 인도하여 들여서 그것을 네게 기업으로 주려 하심이 오늘과 같으니라.

to drive out before you nations greater and stronger than you and to bring you into their land to give it to you for your inheritance, as it is today.

4:39 **Acknowledge and take to heart this day**
그런즉 너는 오늘 알아 명심하고

Acknowledge and take to heart this day **that the LORD is God in heaven above and on the earth below.**
그런즉 너는 오늘 위로 하늘에나 아래로 땅에 오직 여호와는 하나님이신 줄을 알아 명심하고

Acknowledge and take to heart this day that the LORD is God in heaven above and on the earth below. **There is no other.**
그런즉 너는 오늘 위로 하늘에나 아래로 땅에 오직 여호와는 하나님이시요 다른 신이 없는 줄을 알아 명심하고

Acknowledge and take to heart this day that the LORD is God in heaven above and on the earth below. There is no other.

4:40 **Keep his decrees and commands, which I am giving you today,**
오늘 내가 네게 명령하는 여호와의 규례와 명령을 지키라.

Keep his decrees and commands, which I am giving you today, **so that it may go well with you and your children after you**
오늘 내가 네게 명령하는 여호와의 규례와 명령을 지키라. 너와 네 후손이

복을 받아

Keep his decrees and commands, which I am giving you today, so that it may go well with you and your children after you **and that you may live long in the land the LORD your God gives you for all time.**
오늘 내가 네게 명령하는 여호와의 규례와 명령을 지키라. 너와 네 후손이 복을 받아 네 하나님 여호와께서 네게 주시는 땅에서 한없이 오래 살리라.

Keep his decrees and commands, which I am giving you today, so that it may go well with you and your children after you and that you may live long in the land the LORD your God gives you for all time.

outstretched a. 뻗친 | forefather n. 선조 | take ~to heart ~을 마음 깊이 새기다

너희 여호와 하나님을 사랑하라(Love the Lord your God, 6:1–25)

여호와의 명령과 규례와 법도 앞에 선 자들의 행동 강령은 다음과 같다.

1. 마음을 다하고 뜻을 다하고 힘을 다하여 여호와를 사랑할 것이며
2. 자녀들에게 말씀을 부지런히 가르치되 길을 갈 때든지 누워 있을 때든지 일어날 때든지 가르쳐 지키게 하고
3. 말씀을 손목에 매어 기호로 삼고 미간에 붙여 표로 삼고 집 문설주와 바깥 문에 기록하며,
4. 다른 신을 따라 섬기지 말 것.

그에 따른 보상은?

1. 땅을 얻게 되고
2. 자신이 건축하지 아니한 크고 아름다운 성읍을 얻게 되며

3. 자신이 채우지 아니한 아름다운 물건이 가득한 집을 얻게 되고

4. 자신이 파지 아니한 우물을 얻게 되며

5. 자신이 심지 아니한 포도원과 감람나무를 차지하여 배불리 먹게 된다.

6:1 **These are the commands, decrees and laws**

이는 명령과 규례와 법도라.

These are the commands, decrees and laws **the LORD your God directed me to teach you**

이는 곧 너희의 하나님 여호와께서 너희에게 가르치라고 명하신 명령과 규례와 법도라.

These are the commands, decrees and laws the LORD your God directed me to teach you **to observe in the land that you are crossing the Jordan to possess,**

이는 곧 너희의 하나님 여호와께서 너희에게 가르치라고 명하신 명령과 규례와 법도라. 너희가 건너가서 차지할 땅에서 행할 것이니

These are the commands, decrees and laws the LORD your God directed me to teach you to observe in the land that you are crossing the Jordan to possess,

6:2 **so that you, your children and their children after them may fear the LORD your God**

곧 너와 네 아들과 네 손자들이 네 하나님 여호와를 경외하며

so that you, your children and their children after them may fear the LORD your God **as long as you live by keeping all his decrees and commands that I give you,**

곧 너와 네 아들과 네 손자들이 평생에 네 하나님 여호와를 경외하며 내가

너희에게 명한 그 모든 규례와 명령을 지키게 하기 위한 것이며

so that you, your children and their children after them may fear the LORD your God as long as you live by keeping all his decrees and commands that I give you, **and so that you may enjoy long life.**
곧 너와 네 아들과 네 손자들이 평생에 네 하나님 여호와를 경외하며 내가 너희에게 명한 그 모든 규례와 명령을 지키게 하기 위한 것이며 또 네 날을 장구하게 하기 위한 것이라.

so that you, your children and their children after them may fear the LORD your God as long as you live by keeping all his decrees and commands that I give you, and so that you may enjoy long life.

6:3 **Hear, O Israel, and be careful to obey**
이스라엘아 듣고 삼가 그것을 행하라.

Hear, O Israel, and be careful to obey **so that it may go well with you and that you may increase greatly**
이스라엘아 듣고 삼가 그것을 행하라. 그리하면 네가 복을 받고 크게 번성하리라.

Hear, O Israel, and be careful to obey so that it may go well with you and that you may increase greatly **in a land flowing with milk and honey,**
이스라엘아 듣고 삼가 그것을 행하라. 그리하면 네가 복을 받고 젖과 꿀이 흐르는 땅에서 네가 크게 번성하리라.

Hear, O Israel, and be careful to obey so that it may go well with you and that you may increase greatly in a land flowing with milk and honey, **just as the LORD, the God of your fathers, promised you.**
이스라엘아 듣고 삼가 그것을 행하라. 그리하면 네가 복을 받고 네 조상들의 하나님 여호와께서 네게 허락하심 같이 젖과 꿀이 흐르는 땅에서 네가 크게 번성하리라.

Hear, O Israel, and be careful to obey so that it may go well with you and that you may increase greatly in a land flowing with milk and honey, just as the LORD, the God of your fathers, promised you.

6:4 Hear, O Israel: The LORD our God, the LORD is one.
이스라엘아 들으라. 우리 하나님 여호와는 오직 유일한 여호와이시니

Hear, O Israel: The LORD our God, the LORD is one.

6:5 Love the LORD your God with all your heart
너는 마음을 다하여 네 하나님 여호와를 사랑하라.

Love the LORD your God with all your heart **and with all your soul and with all your strength.**
너는 마음을 다하고 뜻을 다하고 힘을 다하여 네 하나님 여호와를 사랑하라.

Love the LORD your God with all your heart and with all your soul and with all your strength.

6:6 These commandments that I give you today are to be upon your hearts.
오늘 내가 네게 명하는 이 말씀을 너는 마음에 새기고

These commandments that I give you today are to be upon your hearts.

6:7 Impress them on your children.
네 자녀에게 부지런히 가르치며

Impress them on your children. **Talk about them when you sit at**

home and when you walk along the road,
네 자녀에게 부지런히 가르치며 집에 앉았을 때에든지 길을 갈 때에든지 이 말씀을 강론할 것이며

Impress them on your children. Talk about them when you sit at home and when you walk along the road, **when you lie down and when you get up.**
네 자녀에게 부지런히 가르치며 집에 앉았을 때에든지 길을 갈 때에든지 누워 있을 때에든지 일어날 때에든지 이 말씀을 강론할 것이며

Impress them on your children. Talk about them when you sit at home and when you walk along the road, when you lie down and when you get up.

6:8 **Tie them as symbols on your hands**
너는 또 그것을 네 손목에 매어 기호를 삼으며

Tie them as symbols on your hands **and bind them on your foreheads.**
너는 또 그것을 네 손목에 매어 기호를 삼으며 네 미간에 붙여 표로 삼고

Tie them as symbols on your hands and bind them on your foreheads.

6:9 **Write them on the doorframes of your houses and on your gates.**
또 네 집 문설주와 바깥문에 기록할지니라.

Write them on the doorframes of your houses and on your gates.

6:10 **When the LORD your God brings you into the land**
네 하나님 여호와께서 그 땅으로 너를 들어가게 하시고

When the LORD your God brings you into the land **he swore to your fathers, to Abraham, Isaac and Jacob, to give you**
네 하나님 여호와께서 네 조상 아브라함과 이삭과 야곱을 향하여 네게 주리라 맹세하신 땅으로 너를 들어가게 하시고

When the LORD your God brings you into the land he swore to your fathers, to Abraham, Isaac and Jacob, to give you—**a land with large, flourishing cities you did not build,**
네 하나님 여호와께서 네 조상 아브라함과 이삭과 야곱을 향하여 네게 주리라 맹세하신 땅으로 너를 들어가게 하시고 네가 건축하지 아니한 크고 아름다운 성읍을 얻게 하시며

When the LORD your God brings you into the land he swore to your fathers, to Abraham, Isaac and Jacob, to give you—a land with large, flourishing cities you did not build,

6:11 **houses filled with all kinds of good things you did not provide,**
네가 채우지 아니한 아름다운 물건이 가득한 집을 얻게 하시며

houses filled with all kinds of good things you did not provide, **wells you did not dig, and vineyards and olive groves you did not plant**
네가 채우지 아니한 아름다운 물건이 가득한 집을 얻게 하시며 네가 파지 아니한 우물을 차지하게 하시며 네가 심지 아니한 포도원과 감람나무를 차지하게 하사

houses filled with all kinds of good things you did not provide, wells you did not dig, and vineyards and olive groves you did not plant—**then when you eat and are satisfied,**
네가 채우지 아니한 아름다운 물건이 가득한 집을 얻게 하시며 네가 파지 아니한 우물을 차지하게 하시며 네가 심지 아니한 포도원과 감람나무를 차지하게 하사 네게 배불리 먹게 하실 때에

houses filled with all kinds of good things you did not provide, wells you did not dig, and vineyards and olive groves you did not plant—then when you eat and are satisfied,

6:12 **be careful that you do not forget the LORD,**
너는 조심하여 여호와를 잊지 말고

be careful that you do not forget the LORD, **who brought you out of Egypt, out of the land of slavery.**
너는 조심하여 너를 애굽 땅 종 되었던 집에서 인도하여 내신 여호와를 잊지 말고

be careful that you do not forget the LORD, who brought you out of Egypt, out of the land of slavery.

229

6:13 **Fear the LORD your God, serve him only**
네 하나님 여호와를 경외하며 그를 섬기며

Fear the LORD your God, serve him only **and take your oaths in his name.**
네 하나님 여호와를 경외하며 그를 섬기며 그의 이름으로 맹세할 것이니라.

Fear the LORD your God, serve him only and take your oaths in his name.

6:14 **Do not follow other gods,**
너희는 다른 신들을 따르지 말라.

Do not follow other gods, **the gods of the peoples around you;**
너희는 다른 신들 곧 네 사면에 있는 백성의 신들을 따르지 말라.

Do not follow other gods, the gods of the peoples around you;

6:15 **for the LORD your God, who is among you, is a jealous God**
너희 중에 계신 너희의 하나님 여호와는 질투하시는 하나님이신즉

for the LORD your God, who is among you, is a jealous God **and his anger will burn against you,**
너희 중에 계신 너희의 하나님 여호와는 질투하시는 하나님이신즉 너희의 하나님 여호와께서 네게 진노하사

for the LORD your God, who is among you, is a jealous God and his anger will burn against you, **and he will destroy you from the face of the land.**
너희 중에 계신 너희의 하나님 여호와는 질투하시는 하나님이신즉 너희의 하나님 여호와께서 네게 진노하사 너를 지면에서 멸절시키실까 두려워하노라.

for the LORD your God, who is among you, is a jealous God and his anger will burn against you, and he will destroy you from the face of the land.

6:16 **Do not test the LORD your God as you did at Massah.**
너희가 맛사에서 시험한 것같이 너희의 하나님 여호와를 시험하지 말고

Do not test the LORD your God as you did at Massah.

6:17 **Be sure to keep the commands of the LORD your God**
너희의 하나님 여호와의 명령을 삼가 지키며

Be sure to keep the commands of the LORD your God **and the stipulations and decrees he has given you.**
너희의 하나님 여호와께서 너희에게 명하신 명령과 증거와 규례를 삼가 지키며

Be sure to keep the commands of the LORD your God and the stipulations and decrees he has given you.

6:18 **Do what is right and good in the LORD's sight,**
-19 여호와께서 보시기에 정직하고 선량한 일을 행하라.

Do what is right and good in the LORD's sight, **so that it may go well with you and you may go in**
여호와께서 보시기에 정직하고 선량한 일을 행하라. 그리하면 네가 복을 받고 그 땅에 들어가서

Do what is right and good in the LORD's sight, so that it may go well with you and you may go in **and take over the good land that the LORD promised on oath to your forefathers,**
여호와께서 보시기에 정직하고 선량한 일을 행하라. 그리하면 네가 복을 받고 그 땅에 들어가서 여호와께서 네 조상들에게 맹세하신 아름다운 땅을 차지하리니

Do what is right and good in the LORD's sight, so that it may go well with you and you may go in and take over the good land that the LORD promised on oath to your forefathers, **thrusting out all your enemies before you,**
여호와께서 보시기에 정직하고 선량한 일을 행하라. 그리하면 네가 복을 받고 그 땅에 들어가서 여호와께서 모든 대적을 네 앞에서 쫓아내시겠다고 네 조상들에게 맹세하신 아름다운 땅을 차지하리니

Do what is right and good in the LORD's sight, so that it may go well with you and you may go in and take over the good land that the LORD promised on oath to your forefathers, thrusting out all your enemies before you, **as the LORD said.**
여호와께서 보시기에 정직하고 선량한 일을 행하라 그리하면 네가 복을 받고 그 땅에 들어가서 여호와께서 모든 대적을 네 앞에서 쫓아내시겠다고 네 조상들에게 맹세하신 아름다운 땅을 차지하리니 여호와의 말씀과 같으니라.

Do what is right and good in the LORD'S sight, so that it may go well with you and you may go in and take over the good land that the LORD promised on oath to your forefathers, thrusting out all your enemies before you, as the LORD said.

6:20 **In the future, when your son asks you,**
후일에 네 아들이 네게 묻기를

In the future, when your son asks you, **"What is the meaning of the stipulations, decrees and laws**
후일에 네 아들이 네게 묻기를 증거와 규례와 법도가 무슨 뜻이냐 하거든

In the future, when your son asks you, "What is the meaning of the stipulations, decrees and laws **the LORD our God has commanded you?"**
후일에 네 아들이 네게 묻기를 우리 하나님 여호와께서 명령하신 증거와 규례와 법도가 무슨 뜻이냐 하거든

In the future, when your son asks you, "What is the meaning of the stipulations, decrees and laws the LORD our God has commanded you?"

6:21 **tell him: "We were slaves of Pharaoh in Egypt,**
너는 네 아들에게 이르기를 우리가 옛적에 애굽에서 바로의 종이 되었더니

tell him: "We were slaves of Pharaoh in Egypt, **but the LORD brought us out of Egypt with a mighty hand.**
너는 네 아들에게 이르기를 우리가 옛적에 애굽에서 바로의 종이 되었더니 여호와께서 권능의 손으로 우리를 애굽에서 인도하여 내셨나니

tell him: "We were slaves of Pharaoh in Egypt, but the LORD brought us out of Egypt with a mighty hand.

6:22 **Before our eyes the LORD sent miraculous signs and wonders—great and terrible**
곧 여호와께서 우리의 목전에서 크고 두려운 이적과 기사를 베푸시고

Before our eyes the LORD sent miraculous signs and wonders—great and terrible—**upon Egypt and Pharaoh and his whole household.**
곧 여호와께서 우리의 목전에서 크고 두려운 이적과 기사를 애굽과 바로와 그의 온 집에 베푸시고

Before our eyes the LORD sent miraculous signs and wonders—great and terrible—upon Egypt and Pharaoh and his whole household.

6:23 **But he brought us out from there to bring us in and give us the land**
땅을 우리에게 주어 들어가게 하시려고 우리를 거기서 인도하여 내시고

But he brought us out from there to bring us in and give us the land **that he promised on oath to our forefathers.**
우리 조상들에게 맹세하신 땅을 우리에게 주어 들어가게 하시려고 우리를 거기서 인도하여 내시고

But he brought us out from there to bring us in and give us the land that he promised on oath to our forefathers.

6:24 **The LORD commanded us to obey all these decrees**
여호와께서 우리에게 이 모든 규례를 지키라 명령하셨으니

The LORD commanded us to obey all these decrees **and to fear the LORD our God,**
여호와께서 우리에게 이 모든 규례를 지키라 명령하셨으니 이는 우리가 우리 하나님 여호와를 경외하여

The LORD commanded us to obey all these decrees and to fear the LORD our God, **so that we might always prosper**
여호와께서 우리에게 이 모든 규례를 지키라 명령하셨으니 이는 우리가 우리 하나님 여호와를 경외하여 항상 복을 누리게 하기 위하심이며

The LORD commanded us to obey all these decrees and to fear the LORD our God, so that we might always prosper **and be kept alive, as is the case today.**
여호와께서 우리에게 이 모든 규례를 지키라 명령하셨으니 이는 우리가 우리 하나님 여호와를 경외하여 항상 복을 누리게 하기 위하심이며 또 여호와께서 우리를 오늘과 같이 살게 하려 하심이라.

The LORD commanded us to obey all these decrees and to fear the LORD our God, so that we might always prosper and be kept alive, as is the case today.

6:25 **And if we are careful to obey all this law before the LORD our God,**
우리가 이 모든 명령을 우리 하나님 여호와 앞에서 삼가 지키면

And if we are careful to obey all this law before the LORD our God, **as he has commanded us,**
우리가 그 명령하신 대로 이 모든 명령을 우리 하나님 여호와 앞에서 삼가 지키면

And if we are careful to obey all this law before the LORD our God, as he has commanded us, **that will be our righteousness."**
우리가 그 명령하신 대로 이 모든 명령을 우리 하나님 여호와 앞에서 삼가 지키면 그것이 곧 우리의 의로움이니라 할지니라.

And if we are careful to obey all this law before the LORD our God, as he has commanded us, that will be our righteousness."

doorframe n. 문틀 | grove n. 작은 숲, 과수원 | stipulation n. 계약 | thrust out 내쫓다

십일조(Tithes, 14:22-29)

십일조법의 정신은 모든 것이 하나님으로부터 왔음을 고백하고, 서로 나눔을 실천하는 것이다. 십분의 일이라는 구별된 것으로 함께 나누며 즐거워하는 것이다. 그것으로 형제와 나누며 성직에 종사하는 자들과 객들과 고아와 혼자된 여인들과 더불어 즐거움을 공유하는 것이다. 하나님께서는 이것을 백성들이 하는 모든 일에 복을 주시는 이유로 삼으신다. 이것은 세금이나 뇌물이 아니라 삶을 윤기 있게 하는 에너지다.

14:22 **Be sure to set aside a tenth of all**
너는 마땅히 십일조를 드릴 것이며

Be sure to set aside a tenth of all **that your fields produce each year.**
너는 마땅히 매년 토지 소산의 십일조를 드릴 것이며

Be sure to set aside a tenth of all that your fields produce each year.

14:23 **Eat the tithe of your grain, new wine and oil,**
네 곡식과 포도주와 기름의 십일조를 먹으며

Eat the tithe of your grain, new wine and oil, **and the firstborn of your herds and flocks in the presence of the LORD your God**
네 하나님 여호와 앞에서 네 곡식과 포도주와 기름의 십일조를 먹으며 또 네 소와 양의 처음 난 것을 먹고

Eat the tithe of your grain, new wine and oil, and the firstborn of your herds and flocks in the presence of the LORD your God **at the place he will choose as a dwelling for his Name,**

네 하나님 여호와 앞 곧 여호와께서 그의 이름을 두시려고 택하신 곳에서 네 곡식과 포도주와 기름의 십일조를 먹으며 또 네 소와 양의 처음 난 것을 먹고

Eat the tithe of your grain, new wine and oil, and the firstborn of your herds and flocks in the presence of the LORD your God at the place he will choose as a dwelling for his Name, **so that you may learn to revere the LORD your God always.**
네 하나님 여호와 앞 곧 여호와께서 그의 이름을 두시려고 택하신 곳에서 네 곡식과 포도주와 기름의 십일조를 먹으며 또 네 소와 양의 처음 난 것을 먹고 네 하나님 여호와 경외하기를 항상 배울 것이니라.

Eat the tithe of your grain, new wine and oil, and the firstborn of your herds and flocks in the presence of the LORD your God at the place he will choose as a dwelling for his Name, so that you may learn to revere the LORD your God always.

14:24 **But if that place is too distant**
그러나 네게서 너무 멀어서

But if that place is too distant **and you have been blessed by the LORD your God and cannot carry your tithe**
그러나 네게서 너무 멀어서 네 하나님 여호와께서 그 풍부히 주신 것을 가지고 갈 수 없거든

But if that place is too distant and you have been blessed by the LORD your God and cannot carry your tithe **(because the place where the LORD will choose to put his Name is so far away),**
그러나 네 하나님 여호와께서 자기의 이름을 두시려고 택하신 곳이 네게서 너무 멀고 (행로가 어려워서) 네 하나님 여호와께서 그 풍부히 주신 것을 가지고 갈 수 없거든

But if that place is too distant and you have been blessed by the

LORD your God and cannot carry your tithe (because the place where the LORD will choose to put his Name is so far away),

14:25 **then exchange your tithe for silver,**
그것을 돈으로 바꾸어

then exchange your tithe for silver, **and take the silver with you**
그것을 돈으로 바꾸어 그 돈을 싸 가지고

then exchange your tithe for silver, and take the silver with you **and go to the place the LORD your God will choose.**
그것을 돈으로 바꾸어 그 돈을 싸 가지고 네 하나님 여호와께서 택하신 곳으로 가서

then exchange your tithe for silver, and take the silver with you and go to the place the LORD your God will choose.

14:26 **Use the silver to buy whatever you like:**
네 마음에 원하는 모든 것을 그 돈으로 사되

Use the silver to buy whatever you like: **cattle, sheep, wine or other fermented drink, or anything you wish.**
네 마음에 원하는 모든 것을 그 돈으로 사되 소나 양이나 포도주나 독주 등 네 마음에 원하는 모든 것을 구하고

Use the silver to buy whatever you like: cattle, sheep, wine or other fermented drink, or anything you wish. **Then you and your household shall eat there**
네 마음에 원하는 모든 것을 그 돈으로 사되 소나 양이나 포도주나 독주 등 네 마음에 원하는 모든 것을 구하고 거기서 너와 네 권속이 함께 먹고

Use the silver to buy whatever you like: cattle, sheep, wine or

other fermented drink, or anything you wish. Then you and your household shall eat there **in the presence of the LORD your God and rejoice.**
네 마음에 원하는 모든 것을 그 돈으로 사되 소나 양이나 포도주나 독주 등 네 마음에 원하는 모든 것을 구하고 거기 네 하나님 여호와 앞에서 너와 네 권속이 함께 먹고 즐거워할 것이며

Use the silver to buy whatever you like: cattle, sheep, wine or other fermented drink, or anything you wish. Then you and your household shall eat there in the presence of the LORD your God and rejoice.

14:27 **And do not neglect the Levites living in your towns,**
네 성읍에 거주하는 레위인을 또한 저버리지 말지니라.

And do not neglect the Levites living in your towns, **for they have no allotment or inheritance of their own.**
네 성읍에 거주하는 레위인은 너희 중에 분깃이나 기업이 없는 자이니 또한 저버리지 말지니라.

And do not neglect the Levites living in your towns, for they have no allotment or inheritance of their own.

14:28 **At the end of every three years,**
매 삼 년 끝에

At the end of every three years, **bring all the tithes of that year's produce and store it in your towns,**
매 삼 년 끝에 그 해 소산의 십분의 일을 다 내어 네 성읍에 저축하여

At the end of every three years, bring all the tithes of that year's produce and store it in your towns,

14:29 **so that the Levites (who have no allotment or inheritance of their own)**
너희 중에 분깃이나 기업이 없는 레위인과

so that the Levites (who have no allotment or inheritance of their own) **and the aliens, the fatherless and the widows who live in your towns may come and eat and be satisfied,**
너희 중에 분깃이나 기업이 없는 레위인과 네 성중에 거류하는 객과 및 고아와 과부들이 와서 먹고 배부르게 하라.

so that the Levites (who have no allotment or inheritance of their own) and the aliens, the fatherless and the widows who live in your towns may come and eat and be satisfied, **and so that the LORD your God may bless you in all the work of your hands.**
너희 중에 분깃이나 기업이 없는 레위인과 네 성중에 거류하는 객과 및 고아와 과부들이 와서 먹고 배부르게 하라. 그리하면 네 하나님 여호와께서 네 손으로 하는 범사에 네게 복을 주시리라.

so that the Levites (who have no allotment or inheritance of their own) and the aliens, the fatherless and the widows who live in your towns may come and eat and be satisfied, and so that the LORD your God may bless you in all the work of your hands.

tithe n. 십일조 | allotment n. 분배, 몫

순종에 따른 축복(Blessings for Obedience, 28:1–14)

신명기 28장에는 하나님의 말씀을 순종하는 자에게 따르는 복과 불순종하는 자에게 따르는 저주가 상세히 적혀 있다. 복과 저주는 하나님의 법에 순종하느냐 불순종하느냐의 차이이다. 순종은 말씀에 대한 믿음에 따르는 행동이다. 안타까운 사실은 불순종하는 이들에는 아예 그 법을 모르는 무지한 사람들뿐만 아니라 알고도 따르지 않는 자들도

포함되어 있다는 것이다. 알아도 행하지 않으면 모르는 것과 하나도 다르지 않다.

이제 당신은 그 법을 읽고 외우고 읊조리며 행해야만 하는 절대적인 이유 앞에서 결단하지 않으면 안 된다. 인생이 어렵다고 생각하는 당신에게 나는 그 인생이란 것이 그리 복잡한 것이 아님을 일깨워 주고 싶다.

28:1 **If you fully obey the LORD your God**
네가 네 하나님 여호와의 말씀을 삼가 듣고

If you fully obey the LORD your God **and carefully follow all his commands I give you today,**
네가 네 하나님 여호와의 말씀을 삼가 듣고 내가 오늘 네게 명령하는 그의 모든 명령을 지켜 행하면

If you fully obey the LORD your God and carefully follow all his commands I give you today, **the LORD your God will set you high above all the nations on earth.**
네가 네 하나님 여호와의 말씀을 삼가 듣고 내가 오늘 네게 명령하는 그의 모든 명령을 지켜 행하면 네 하나님 여호와께서 너를 세계 모든 민족 위에 뛰어나게 하실 것이라.

If you fully obey the LORD your God and carefully follow all his commands I give you today, the LORD your God will set you high above all the nations on earth.

28:2 **All these blessings will come upon you and accompany you**
이 모든 복이 네게 임하며 네게 이르리니

All these blessings will come upon you and accompany you **if you obey the LORD your God:**
네가 네 하나님 여호와의 말씀을 청종하면 이 모든 복이 네게 임하며 네게 이르리니

All these blessings will come upon you and accompany you if you obey the LORD your God:

28:3 You will be blessed in the city and blessed in the country.
성읍에서도 복을 받고 들에서도 복을 받을 것이며

You will be blessed in the city and blessed in the country.

28:4 The fruit of your womb will be blessed,
네 몸의 자녀가 복을 받을 것이며

The fruit of your womb will be blessed, and the crops of your land
네 몸의 자녀와 네 토지의 소산이 복을 받을 것이며

The fruit of your womb will be blessed, and the crops of your land and the young of your livestock—the calves of your herds and the lambs of your flocks.
네 몸의 자녀와 네 토지의 소산과 네 짐승의 새끼와 소와 양의 새끼가 복을 받을 것이며

The fruit of your womb will be blessed, and the crops of your land and the young of your livestock—the calves of your herds and the lambs of your flocks.

28:5 Your basket and your kneading trough will be blessed.
네 광주리와 떡 반죽 그릇이 복을 받을 것이며

Your basket and your kneading trough will be blessed.

28:6 You will be blessed when you come in
네가 들어와도 복을 받고

You will be blessed when you come in **and blessed when you go out.**
네가 들어와도 복을 받고 나가도 복을 받을 것이니라.

You will be blessed when you come in and blessed when you go out.

28:7 **The LORD will grant that the enemies who rise up against you**
여호와께서 너를 대적하기 위해 일어난 적군들을

The LORD will grant that the enemies who rise up against you **will be defeated before you.**
여호와께서 너를 대적하기 위해 일어난 적군들을 네 앞에서 패하게 하시리라.

The LORD will grant that the enemies who rise up against you will be defeated before you. **They will come at you from one direction but flee from you in seven.**
여호와께서 너를 대적하기 위해 일어난 적군들을 네 앞에서 패하게 하시리라. 그들이 한 길로 너를 치러 들어왔으나 네 앞에서 일곱 길로 도망하리라.

The LORD will grant that the enemies who rise up against you will be defeated before you. They will come at you from one direction but flee from you in seven.

28:8 **The LORD will send a blessing on your barns**
여호와께서 명령하사 네 창고에 복을 내리시고

The LORD will send a blessing on your barns **and on everything you put your hand to.**
여호와께서 명령하사 네 창고와 네 손으로 하는 모든 일에 복을 내리시고

The LORD will send a blessing on your barns and on everything

you put your hand to. **The LORD your God will bless you in the land he is giving you.**
여호와께서 명령하사 네 창고와 네 손으로 하는 모든 일에 복을 내리시고
네 하나님 여호와께서 네게 주시는 땅에서 네게 복을 주실 것이며

The LORD will send a blessing on your barns and on everything you put your hand to. The LORD your God will bless you in the land he is giving you.

28:9 **The LORD will establish you as his holy people,**
여호와께서 너를 세워 자기의 성민이 되게 하시리니

The LORD will establish you as his holy people, **as he promised you on oath,**
여호와께서 네게 맹세하신 대로 너를 세워 자기의 성민이 되게 하시리니

The LORD will establish you as his holy people, as he promised you on oath, **if you keep the commands of the LORD your God and walk in his ways.**
여호와께서 네게 맹세하신 대로 너를 세워 자기의 성민이 되게 하시리니 이는 네가 네 하나님 여호와의 명령을 지켜 그 길로 행할 것임이니라.

The LORD will establish you as his holy people, as he promised you on oath, if you keep the commands of the LORD your God and walk in his ways.

28:10 **Then all the peoples on earth will see**
땅의 모든 백성이 보고

Then all the peoples on earth will see **that you are called by the name of the LORD,**
땅의 모든 백성이 여호와의 이름이 너를 위하여 불리는 것을 보고

Then all the peoples on earth will see that you are called by the name of the LORD, **and they will fear you.**
땅의 모든 백성이 여호와의 이름이 너를 위하여 불리는 것을 보고 너를 두려워하리라.

Then all the peoples on earth will see that you are called by the name of the LORD, and they will fear you.

28:11 **The LORD will grant you abundant prosperity—in the fruit of your womb,**
여호와께서 네게 복을 주사 네 몸의 소생을 많게 하시며

The LORD will grant you abundant prosperity—in the fruit of your womb, **the young of your livestock and the crops of your ground**
여호와께서 네게 복을 주사 네 몸의 소생과 가축의 새끼와 토지의 소산을 많게 하시며

The LORD will grant you abundant prosperity—in the fruit of your womb, the young of your livestock and the crops of your ground—**in the land he swore to your forefathers to give you.**
여호와께서 네게 주리라고 네 조상들에게 맹세하신 땅에서 네게 복을 주사 네 몸의 소생과 가축의 새끼와 토지의 소산을 많게 하시며

The LORD will grant you abundant prosperity—in the fruit of your womb, the young of your livestock and the crops of your ground—in the land he swore to your forefathers to give you.

28:12 **The LORD will open the heavens, the storehouse of his bounty,**
여호와께서 너를 위하여 하늘의 아름다운 보고를 여시사

The LORD will open the heavens, the storehouse of his bounty, **to send rain on your land in season and to bless all the work of your**

hands.
여호와께서 너를 위하여 하늘의 아름다운 보고를 여시사 네 땅에 때를 따라 비를 내리시고 네 손으로 하는 모든 일에 복을 주시리니

The LORD will open the heavens, the storehouse of his bounty, to send rain on your land in season and to bless all the work of your hands. **You will lend to many nations but will borrow from none.**
여호와께서 너를 위하여 하늘의 아름다운 보고를 여시사 네 땅에 때를 따라 비를 내리시고 네 손으로 하는 모든 일에 복을 주시리니 네가 많은 민족에게 꾸어 줄지라도 너는 꾸지 아니할 것이요

The LORD will open the heavens, the storehouse of his bounty, to send rain on your land in season and to bless all the work of your hands. You will lend to many nations but will borrow from none.

28:13 **The LORD will make you the head, not the tail.** 245
여호와께서 너를 머리가 되고 꼬리가 되지 않게 하시리니

The LORD will make you the head, not the tail. **If you pay attention to the commands of the LORD your God that I give you this day and carefully follow them,**
여호와께서 너를 머리가 되고 꼬리가 되지 않게 하시리니 오직 너는 내가 오늘 네게 명령하는 네 하나님 여호와의 명령을 듣고 지켜 행하며

The LORD will make you the head, not the tail. If you pay attention to the commands of the LORD your God that I give you this day and carefully follow them, **you will always be at the top, never at the bottom.**
여호와께서 너를 머리가 되고 꼬리가 되지 않게 하시며 위에만 있고 아래에 있지 않게 하시리니 오직 너는 내가 오늘 네게 명령하는 네 하나님 여호와의 명령을 듣고 지켜 행하며

The LORD will make you the head, not the tail. If you pay attention

to the commands of the LORD your God that I give you this day and carefully follow them, you will always be at the top, never at the bottom.

28:14 **Do not turn aside from any of the commands I give you today, to the right or to the left,**
내가 오늘 너희에게 명령하는 그 말씀을 떠나 좌로나 우로나 치우치지 아니하고

Do not turn aside from any of the commands I give you today, to the right or to the left, **following other gods and serving them.**
내가 오늘 너희에게 명령하는 그 말씀을 떠나 좌로나 우로나 치우치지 아니하고 다른 신을 따라 섬기지 아니하면 이와 같으리라.

Do not turn aside from any of the commands I give you today, to the right or to the left, following other gods and serving them.

womb n. 자궁 | kneading trough 반죽 그릇 | barn n. 곡식 창고 | storehouse n. 창고 | bounty n. 후한 마음, 은혜

여호수아가 모세의 뒤를 잇다(Joshua to succeed Moses, 31:1–8)

에브라임 지파의 눈의 아들 여호수아가 모세의 뒤를 이어 그의 지팡이를 잡는다. 세월은 흐르고 역사는 늘 새로운 사람을 찾는다. 하나님은 언제나 그분의 마음에 맞는 자를 찾으셔서 역사의 중심에 서게 하신다.

여호수아는 이집트에서 나와 홍해를 건넌 60만 명의 사람들 가운데 끝까지 남은 두 사람 중 하나이다. 그는 유다 지파 사람 여분네의 아들 갈렙과 더불어 가나안을 정탐하러 간 열두 사람 중 하나였으며 위대한 지도자 모세를 끝까지 보필한 사람이었다.

이전까지의 성경의 기록은 그에 대한 많은 일들을 말하지 않았지만 그가 그 위대한 사역에 부름 받았음을 볼 때 하나님께서 그를 눈여겨보셨고 그는 그 위대한 일을 위한 준비가 되어 있었음을 우린 알 수 있다.

위대한 일은 갑자기 찾아오는 것 같지만 지도자는 하루아침에 준비되지 않는다. 골리앗을 쓰러뜨린 소년 다윗의 팔 힘은 그날 갑자기 생겨난 것이 아니었다. 어느 날 갑자기 이집트의 총리가 되었던 요셉 역시 남모르는 13년의 세월이 있었음을 우린 알아야 한다.

31:1 **Then Moses went out and spoke these words to all Israel:**
또 모세가 가서 온 이스라엘에게 이 말씀을 전하여

Then Moses went out and spoke these words to all Israel:

31:2 **"I am now a hundred and twenty years old**
(그들에게 이르되) 이제 내 나이 백이십 세라.

"I am now a hundred and twenty years old **and I am no longer able to lead you.**
(그들에게 이르되) 이제 내 나이 백이십 세라. 내가 더 이상 출입하지 못하겠고

"I am now a hundred and twenty years old and I am no longer able to lead you. **The LORD has said to me, 'You shall not cross the Jordan.'**
(그들에게 이르되) 이제 내 나이 백이십 세라. 내가 더 이상 출입하지 못하겠고 여호와께서도 내게 이르시기를 너는 이 요단을 건너지 못하리라 하셨느니라.

"I am now a hundred and twenty years old and I am no longer able to lead you. The LORD has said to me, 'You shall not cross the Jordan.'

31:3 **The LORD your God himself will cross over ahead of you.**
네 하나님 여호와께서 너보다 먼저 건너가사

The LORD your God himself will cross over ahead of you. **He will destroy these nations before you,**
네 하나님 여호와께서 너보다 먼저 건너가사 이 민족들을 네 앞에서 멸하시고

The LORD your God himself will cross over ahead of you. He will destroy these nations before you, **and you will take possession of their land.**
네 하나님 여호와께서 너보다 먼저 건너가사 이 민족들을 네 앞에서 멸하시고 네가 그 땅을 차지하게 할 것이며

The LORD your God himself will cross over ahead of you. He will destroy these nations before you, and you will take possession of their land. **Joshua also will cross over ahead of you,**
네 하나님 여호와께서 너보다 먼저 건너가사 이 민족들을 네 앞에서 멸하시고 네가 그 땅을 차지하게 할 것이며 여호수아는 네 앞에서 건너갈지라.

The LORD your God himself will cross over ahead of you. He will destroy these nations before you, and you will take possession of their land. Joshua also will cross over ahead of you, **as the LORD said.**
여호와께서 이미 말씀하신 것과 같이 네 하나님 여호와께서 너보다 먼저 건너가사 이 민족들을 네 앞에서 멸하시고 네가 그 땅을 차지하게 할 것이며 여호수아는 네 앞에서 건너갈지라.

The LORD your God himself will cross over ahead of you. He will destroy these nations before you, and you will take possession of their land. Joshua also will cross over ahead of you, as the LORD said.

31:4 **And the LORD will do to them**
또한 여호와께서 그들에게 행하실 것이라.

And the LORD will do to them **what he did to Sihon and Og, the kings of the Amorites,**
또한 여호와께서 아모리 왕 시혼과 옥에 행하신 것과 같이 그들에게도 행하실 것이라.

And the LORD will do to them what he did to Sihon and Og, the kings of the Amorites, **whom he destroyed along with their land.**
또한 여호와께서 이미 멸하신 아모리 왕 시혼과 옥과 및 그 땅에 행하신 것과 같이 그들에게도 행하실 것이라.

And the LORD will do to them what he did to Sihon and Og, the kings of the Amorites, whom he destroyed along with their land.

31:5 **The LORD will deliver them to you,**
또한 여호와께서 그들을 너희 앞에 넘기시리니

The LORD will deliver them to you, **and you must do to them all that I have commanded you.**
또한 여호와께서 그들을 너희 앞에 넘기시리니 너희는 내가 너희에게 명한 모든 명령대로 그들에게 행할 것이라.

The LORD will deliver them to you, and you must do to them all that I have commanded you.

31:6 **Be strong and courageous. Do not be afraid or terrified because of them,**
너희는 강하고 담대하라. 두려워하지 말라. 그들 앞에서 떨지 말라.

Be strong and courageous. Do not be afraid or terrified because

of them, **for the LORD your God goes with you;**
너희는 강하고 담대하라. 두려워하지 말라. 그들 앞에서 떨지 말라. 이는 네 하나님 여호와 그가 너와 함께 가시며

Be strong and courageous. Do not be afraid or terrified because of them, for the LORD your God goes with you; **he will never leave you nor forsake you."**
너희는 강하고 담대하라. 두려워하지 말라. 그들 앞에서 떨지 말라. 이는 네 하나님 여호와 그가 너와 함께 가시며 결코 너를 떠나지 아니하시며 버리지 아니하실 것임이라 하고

Be strong and courageous. Do not be afraid or terrified because of them, for the LORD your God goes with you; he will never leave you nor forsake you."

31:7 **Then Moses summoned Joshua and said to him in the presence of all Israel,**
모세가 여호수아를 불러 온 이스라엘의 목전에서 그에게 이르되

Then Moses summoned Joshua and said to him in the presence of all Israel, **"Be strong and courageous, for you must go with this people into the land**
모세가 여호수아를 불러 온 이스라엘의 목전에서 그에게 이르되 너는 강하고 담대하라. 너는 이 백성을 거느리고 그 땅에 들어가서

Then Moses summoned Joshua and said to him in the presence of all Israel, "Be strong and courageous, for you must go with this people into the land **that the LORD swore to their forefathers to give them,**
모세가 여호수아를 불러 온 이스라엘의 목전에서 그에게 이르되 너는 강하고 담대하라. 너는 이 백성을 거느리고 여호와께서 그들의 조상에게 주리라고 맹세하신 땅에 들어가서

Then Moses summoned Joshua and said to him in the presence of all Israel, "Be strong and courageous, for you must go with this people into the land that the LORD swore to their forefathers to give them, **and you must divide it among them as their inheritance.**
모세가 여호수아를 불러 온 이스라엘의 목전에서 그에게 이르되 너는 강하고 담대하라. 너는 이 백성을 거느리고 여호와께서 그들의 조상에게 주리라고 맹세하신 땅에 들어가서 그들에게 그 땅을 차지하게 하라.

Then Moses summoned Joshua and said to him in the presence of all Israel, "Be strong and courageous, for you must go with this people into the land that the LORD swore to their forefathers to give them, and you must divide it among them as their inheritance.

31:8 **The LORD himself goes before you and will be with you;**
그리하면 여호와 그가 네 앞에서 가시며 너와 함께하사

The LORD himself goes before you and will be with you; **he will never leave you nor forsake you.**
그리하면 여호와 그가 네 앞에서 가시며 너와 함께하사 너를 떠나지 아니하시며 버리지 아니하시리니

The LORD himself goes before you and will be with you; he will never leave you nor forsake you. **Do not be afraid; do not be discouraged."**
그리하면 여호와 그가 네 앞에서 가시며 너와 함께하사 너를 떠나지 아니하시며 버리지 아니하시리니 너는 두려워하지 말라. 놀라지 말라.

The LORD himself goes before you and will be with you; he will never leave you nor forsake you. Do not be afraid; do not be discouraged."

모세의 죽음(The death of Moses, 34:1–12)

모세가 죽었다. 위대한 지도자가 눈을 감았다. 이스라엘은 그를 위해 30일을 애곡했다. 이로써 파란만장했던 모세의 삶은 끝이 났다. 혹독한 민족의 시련기에 태어난 한 사내아이는 태어난 지 채 100일이 되기도 전에 나일 강에 던져지고 전적으로 하나님의 손에 맡겨진다.

그는 40년을 이집트의 왕자로, 40년을 쉴 새 없이 모래 바람 불어오는 시나이 광야의 목자로, 그리고 그 후 하나님의 부르심을 받아 또 한 번의 40년을 광야의 지도자로 살았다. 그는 그의 전 인생을 통해 도탄에 빠진 자기 민족의 운명을 바꾸는 데 온 삶을 불살랐다.

결국 자신은 요단강을 건너지 못해 독자들에게 아쉬움을 가져다주었지만 그는 우리 인생의 궁극적 목적이 그 요단강에 있지 않으며, 영원한 나라로 이어지는 또 하나의 반전이 있음을 이 세상에 가르친다.

모세가 죽었다. 위대한 광야의 지도자가 이 땅을 떠났다.

34:1 **Then Moses climbed Mount Nebo from the plains of Moab to the top of Pisgah,**
모세가 모압 평지에서 느보 산에 올라가 비스가 산꼭대기에 이르매

Then Moses climbed Mount Nebo from the plains of Moab to the top of Pisgah, **across from Jericho.**
모세가 모압 평지에서 느보 산에 올라가 여리고 맞은편 비스가 산꼭대기에 이르매

Then Moses climbed Mount Nebo from the plains of Moab to the top of Pisgah, across from Jericho. **There the LORD showed him the whole land—from Gilead to Dan,**
모세가 모압 평지에서 느보 산에 올라가 여리고 맞은편 비스가 산꼭대기에 이르매 여호와께서 길르앗 온 땅을 단까지 보이시고

Then Moses climbed Mount Nebo from the plains of Moab to the top of Pisgah, across from Jericho. There the LORD showed him the whole land—from Gilead to Dan,

34:2 **all of Naphtali, the territory of Ephraim and Manasseh,**
또 온 납달리와 에브라임과 므낫세의 땅과

ll of Naphtali, the territory of Ephraim and Manasseh, **all the land of Judah as far as the western sea,**
또 온 납달리와 에브라임과 므낫세의 땅과 서해까지의 유다 온 땅과

ll of Naphtali, the territory of Ephraim and Manasseh, all the land of Judah as far as the western sea,

34:3 **the Negev and the whole region from the Valley of Jericho, the City of Palms**
네겝과 종려나무의 성읍 여리고 골짜기 평지 보이시고

the Negev and the whole region from the Valley of Jericho, the City of Palms, **as far as Zoar.**
네겝과 종려나무의 성읍 여리고 골짜기 평지를 소알까지 보이시고

the Negev and the whole region from the Valley of Jericho, the City of Palms, as far as Zoar.

34:4 **Then the LORD said to him, "This is the land I promised**
여호와께서 그에게 이르시되 이는 내가 주리라 한 땅이라.

Then the LORD said to him, "This is the land I promised **on oath to Abraham, Isaac and Jacob**
여호와께서 그에게 이르시되 이는 내가 아브라함과 이삭과 야곱에게 맹세

하여 주리라 한 땅이라.

Then the LORD said to him, "This is the land I promised on oath to Abraham, Isaac and Jacob **when I said, 'I will give it to your descendants.'**
여호와께서 그에게 이르시되 이는 내가 아브라함과 이삭과 야곱에게 맹세하여 그의 후손에게 주리라 한 땅이라.

Then the LORD said to him, "This is the land I promised on oath to Abraham, Isaac and Jacob when I said, 'I will give it to your descendants.' **I have let you see it with your eyes, but you will not cross over into it."**
여호와께서 그에게 이르시되 이는 내가 아브라함과 이삭과 야곱에게 맹세하여 그의 후손에게 주리라 한 땅이라. 내가 네 눈으로 보게 하였거니와 너는 그리로 건너가지 못하리라 하시매

Then the LORD said to him, "This is the land I promised on oath to Abraham, Isaac and Jacob when I said, 'I will give it to your descendants.' I have let you see it with your eyes, but you will not cross over into it."

34:5 **And Moses the servant of the LORD died there in Moab,**
이에 여호와의 종 모세가 모압 땅에서 죽어

And Moses the servant of the LORD died there in Moab, **as the LORD had said.**
이에 여호와의 종 모세가 여호와의 말씀대로 모압 땅에서 죽어
And Moses the servant of the LORD died there in Moab, as the LORD had said.

34:6 **He buried him in Moab, in the valley opposite Beth Peor,**
벳브올 맞은편 모압 땅에 있는 골짜기에 장사되었고

He buried him in Moab, in the valley opposite Beth Peor, **but to this day no one knows where his grave is.**
벳브올 맞은편 모압 땅에 있는 골짜기에 장사되었고 오늘까지 그의 묻힌 곳을 아는 자가 없느니라.

He buried him in Moab, in the valley opposite Beth Peor, but to this day no one knows where his grave is.

34:7 **Moses was a hundred and twenty years old when he died,**
모세가 죽을 때 나이 백이십 세였으나

Moses was a hundred and twenty years old when he died, **yet his eyes were not weak nor his strength gone.**
모세가 죽을 때 나이 백이십 세였으나 그의 눈이 흐리지 아니하였고 기력이 쇠하지 아니하였더라.

Moses was a hundred and twenty years old when he died, yet his eyes were not weak nor his strength gone.

34:8 **The Israelites grieved for Moses in the plains of Moab thirty days,**
이스라엘 자손이 모압 평지에서 모세를 위하여 삼십 일을 애곡하니라.

The Israelites grieved for Moses in the plains of Moab thirty days, **until the time of weeping and mourning was over.**
이스라엘 자손이 모압 평지에서 모세를 위하여 애곡하는 기간이 끝나도록 모세를 위하여 삼십 일을 애곡하니라.

The Israelites grieved for Moses in the plains of Moab thirty days, until the time of weeping and mourning was over.

34:9 **Now Joshua son of Nun was filled with the spirit of wisdom**

눈의 아들 여호수아에게 지혜의 영이 충만하니

Now Joshua son of Nun was filled with the spirit of wisdom **because Moses had laid his hands on him.**
모세가 눈의 아들 여호수아에게 안수하였으므로 그에게 지혜의 영이 충만하니

Now Joshua son of Nun was filled with the spirit of wisdom because Moses had laid his hands on him. **So the Israelites listened to him and did what the LORD had commanded Moses.**
모세가 눈의 아들 여호수아에게 안수하였으므로 그에게 지혜의 영이 충만하니 이스라엘 자손이 여호와께서 모세에게 명령하신 대로 여호수아의 말을 순종하였더라.

Now Joshua son of Nun was filled with the spirit of wisdom because Moses had laid his hands on him. So the Israelites listened to him and did what the LORD had commanded Moses.

34:10 **Since then, no prophet has risen in Israel like Moses,**
그 후에는 이스라엘에 모세와 같은 선지자가 일어나지 못하였나니

Since then, no prophet has risen in Israel like Moses, **whom the LORD knew face to face,**
그 후에는 이스라엘에 모세와 같은 선지자가 일어나지 못하였나니 모세는 여호와께서 대면하여 아시던 자요

Since then, no prophet has risen in Israel like Moses, whom the LORD knew face to face,

34:11 **who did all those miraculous signs and wonders the LORD sent him to do in Egypt**
여호와께서 그를 애굽 땅에 보내사 모든 이적과 기사와

who did all those miraculous signs and wonders the LORD sent him to do in Egypt—**to Pharaoh and to all his officials and to his whole land.**
여호와께서 그를 애굽 땅에 보내사 바로와 그의 모든 신하와 그의 온 땅에 모든 이적과 기사와

who did all those miraculous signs and wonders the LORD sent him to do in Egypt—to Pharaoh and to all his officials and to his whole land.

34:12 **For no one has ever shown the mighty power or performed the awesome deeds**
모든 큰 권능과 위엄을 행하게 하시매

For no one has ever shown the mighty power or performed the awesome deeds **that Moses did in the sight of all Israel.**
모든 큰 권능과 위엄을 행하게 하시매 온 이스라엘의 목전에서 그것을 행한 자이더라.

For no one has ever shown the mighty power or performed the awesome deeds that Moses did in the sight of all Israel.

possession n. 소유, 점유 | deliver v. 넘겨주다 | forsake v. 저버리다

PART 4

말씀을 붙든 17세 소년의 고백

_김다니엘

내가 더듬을 수 있는 기억의 한계는 대충 네 살부터인 것 같다. 그때 부모님은 이미 이혼을 했던 터라 날 낳았던 엄마는 내 곁에 없었다. 아버지가 모스크바에서 선교사로 계셨을 때 태어났고, 그 후 부모님이 헤어지시면서 나는 아버지와 형과 함께 한국으로 돌아왔다.

한국으로 돌아와 조그만 집에서 아버지와 함께 살던 때부터의 기억이 살아난다. 매일 나는 집에서 지냈고 당시의 기억으론 아버지도 형과 나에게 그렇게 관심과 애정을 주지 않았다. 나는 그저 길가에 떨어진 돌멩이처럼 오래된 집의 낡은 가구처럼 그렇게 이 세상의 언저리에 서 있었다. 불안해서였을까. 밤마다 난 자주 울었다.

여섯 살쯤인가, 새 엄마가 오셨다. 얼굴색이 다르고 언어가 다른 엄마가 처음엔 많이 낯설었고 무서웠다. 하지만 말이 통하지 않아도 계속 헌신적으로 우리들을 보살펴 주셨던 그 사랑은 내가 차츰 안정된 아이로 변해 가는 데 큰 힘이 되었다. 그분은 나에게 너무나 좋은 엄마가 되었다. 네 사람으로 시작된 우리 가족은 그 후 열 명이 되었다.

다른 아이들처럼 초등학교에 입학하면서 나는 처음으로 세상에 들어서게 되었다. 학교에서 가르치는 과목을 배우는 동시에 다른 것들 또한 경험하게 되었다. 내 또래 아이들이 하는, 내가 몰랐던 좋지 않은 말과 행동을 접하게 되니, 자연스레 나도 그런 아이들과 친해지면서 세상의 아이로 세속적인 사람으로 살게 되었다.

2학년 때 학교가 끝나 집으로 오니 아버지가 나와 형을 불러서 학교에 다니지 않는 것이 좋겠다고 말씀하셨다. 물론 그 일은 나를 행복하게 해 주질 못했다. 아무 일 없이 집에만 있느니 그래도 학교에 가는 것이 재미있고 시간 보내기가 좋았던 것이다. 하지만 아버지는 당신의 신념을 믿으셨는지 망설이는 형과 나에게 만약 학교를 가지 않으면 매일 천 원씩 주겠다고 제의하셨다. 돈에 눈이 먼 우리는 그 제의를 받아들이고 마침내 초등학교 중퇴라는 딱지를 평생 우리 앞에 놓아 버리고 말았다.

그러나 돈의 위력도 며칠 가질 못했다. 나는 용돈을 받지 않아도 좋으니 학교를 가겠다고 말씀드리고 다시 학교로 돌아갔다.

그런데 다시 돌아간 학교에서 더 이상 적응이 쉽지 않았다. 또래 아이들의 경쟁심, 재미만 추구하는 우정, 공부 잘하는 것만이 칭찬받는 그곳에 대한 불신이 생겼다. 다시 아버지의 끈질긴 제의를 통해 완전히 학교를 끊게 되었다.

그 후 우린 아버지의 지도로 집에서 성경을 읽고 조금씩 외우게 되었다. 집에서 딱히 할 일도 없었던 우리는 성경을 읽고 외우는 일만이 하루의 정규적인 일이 되었다.

아프리카로

어느 날 우리 가족은 아버지의 새로운 선교지인 아프리카 케냐로 이주했다. 케냐의 수도 나이로비에서 조금 떨어진 현지인 마을 안에 있는 작은 호텔에서 우리 가족의 아프리카 생활이 시작되었다. 아버지는 선교지의 바쁜 생활 가운데서도 항상 우리를 앉혀 놓고 성경을 읽고 말씀을 외우도록 하셨다. 그때 읽고 외운 말씀이 로마서였다. 도무지 이해가 잘 되지 않는 말씀이었지만 우린 부지런히 읽고 외웠다.

하지만 갈등이 없었던 것은 아니다. 내가 이런 것들을 왜 해야 하나, 왜 나는 다른 아이들처럼 평범하게 살 수 없을까 하는 생각이 나를 항상 따라다녔다.

하지만 분명한 것은 말씀을 열심히 읽고 외울 때는 행복감이 내 주위를 맴돌았지만 말씀을 소홀히 할 때에는 늘 나의 삶이 안정되지 못했고 마음엔 병이 났다는 사실이다.

힘들고 어려울 때마다 울고 불평했지만 그것이 오히려 더 나를 지치게 만들었다. 그래서 그런 때일수록 기도하라는 성경 말씀을 기억하고 마음이 힘들 때 기도했다. 그때마다 신기하게도 하나님은 내가 그간 외운 말씀으로 대답을 주셨다.

"여호와는 나의 목자시니 내게 부족함이 없으리로다(시 23:1)."

나는 기도할 때마다 평안을 느꼈고 비록 응답을 받지 못했을 때도 하나님이 내 아버지라 믿으니 기도한 것만으로도 힘이 났다.

이렇게 시간을 보내는 동안 형과 나는 로마서를 한글로 다 외우게 되었다. 그것만으로 우린 큰 힘을 느꼈고 마치 대지에 심긴 나무처럼 흔들림이 없게 되었다.

시베리아 말씀 열차

그 후 우리 가족은 시베리아의 이르쿠츠크라는 곳으로 선교를 위해 이주했다. 오후 3시만 되면 어두움이 깔려 아침 9시까지 어둠이 떠나지 않던 그곳에서 아버지는 이곳저곳 바쁘게 말씀 전하는 삶을 사셨다.

이에 비해 시간이 많았던 우리는 늘 말씀을 읽고 외웠다. 그때 외운 말씀이 영어 마가복음이었다.

"The beginning of the Gospel about Jesus Christ the son of God"으로 시작되는 그 복음서가 언제 끝날지는 모르지만 우린 매일 밥을 먹듯이 말씀 한 절 한 절을 먹었다. 그 추운 시베리아에서 하나님의 말씀을 외우면서 우린 몸이 자라고 마음이 성장했다.

한번은 아버지가 선교 여행을 떠나시며 함께 가자고 하셨다. 우린 비행기로 세 시간을 날고, 창문이 이중인 지프차로 열일곱 시간을 달려, 그리고 메케한 연기를 뿜으며 달리는 열차를 쉰두 시간을 타고서야 선교 여행을 마칠 수 있었다. 우린 언 강 위를 위험스레 달리는 자동차 안에서도, 덜컹거리는 긴 열차 여행에서도 성경을 읽고 외우고 찬양을 하면서 얼어붙은 시베리아를 누볐다.

싱가포르의 어린 신학생

다시 우리 가족은 싱가포르에서 1년 반을 머물고 이젠 필리핀에 정착했다. 싱가포르의 한 신학교에서 아버지는 공부를 더 하셨다. 형과 나는 매일 아버지를 따라 그 신학교엘 갔다. 아버지는 강의실로 가시고 우린 도서관으로 가서 가방을 풀었다. 언제고 우리 가방 속에는 성경책 한 권이 다였다.

점심시간에 아버지를 만나 신학교 식당에서 식사를 함께하기까지 우린 도서관에서 열심히 성경을 읽고 외웠고, 식사 후에도 아버지를 만나 집으로 돌아오기까지 다시 도서관에서 성경을 붙들었다.

마침내 우린 영어로 마가복음을 다 외우기에 이르렀고, 그 신학교의 채플에서 영어로 설교하시는 교수님들의 설교가 귀와 마음으로 들어오기 시작했다.

하루는 도서관에서 성경을 읽고 있는 우리에게 한 교수님이 다가오셨다. 도대체 우리가 매일 무엇을 그렇게 열심히 공부하는지 궁금해 하시던 그분은 성경을 읽고 외우는 우리들을 보시며 "이 신학교의 진정한 신학생들은 너희 둘이 전부다."라며 껄껄 웃으셨다.

필리핀에서 아버지는 이 시대의 교육을 살리는 광야의 소리가 되시겠다며 집필을 하면서 세상에서 제일 작은 학교를 운영하신다. 바로 거장들의 학교다. 이 학교는 매일 네 번씩 예배를 드리며 성경을 읽고 외우고 읊조리는 학교다. 우리 형제들 모두와 그 외 몇몇 아이들이 학생의 전부다.

나는 이 학교에서 드디어 신약 성경을 영어로 다 외웠다. 이제는 시편을 외우고 있고 그 후엔 모세오경을 외울 생각이다.

내가 선 땅이 하나님 나라로 회복되는 것이 내 꿈의 전부다

말씀을 읽고 외우기 시작한 뒤로 나의 삶은 완전히 바뀌었다. 아니, 성격이 바뀌었다고 해야 할 것 같다. 열방을 위해 기도할 때 눈물이 나고, 예배의 기름 부으심을 체험하기 시작했다. 내가 하는 일과 꾸는 꿈에 확신을 갖게 되었고, 어떻게 해야 할지 모를 때 성경이 하시는 말씀들을 기억하게 되었다.

그리고 내가 정말 누구라는 것과 하나님이 나를 통해서도 그분의 일을 하실 수 있다는 사실을 알게 되었다. 지금 생각해 보니 말씀을 읽고 외우는 순간이 정말 행복했고 그 말씀을 매일 읊조리고 지켜 나가는 일이 한없이 좋았다.

나는 내가 무엇을 해야 하는지, 또 무엇을 잘하는지를 몰랐다. 어릴 때는 아버지가 선교사이니 나도 선교사가 되겠다고 말했다. 의사가 되어서 아프리카 선교사가 되겠다고도 생각했다. 하지만 나는 내가 무엇을 잘하는지, 무엇이 내게 주어진 달란트인지를 몰랐다. 그러나 말씀을 점점 외우면서 내 길에 대해 생각하고 기도하며 살다가, 내 속에서 밀고 나오는 싹을 발견했다.

아버지가 다니시던 싱가포르 신학교의 합창단 지휘자께서 우리 집에 오셨던 날이었다. 그분이 내게 신학교 학생들과 교수 자녀들 위주로 만들어진 어린이 합창단에 들어오면 좋겠다는 말씀을 하셨다. 그때 내 나이 열두 살이었다. 그전에 나는 집에서 예배시간 외에는 노래한 적이 없었으며 내가 노래를 좋아하는지도 몰랐다. 아버지가 비록 성악을 전공하셨지만 나에게 노래를 가르쳐 주신 적도 없었다.

나는 호기심으로 아이들 합창단에 들어가서 노래를 했다. 물론 결코 잘하지는 못했지만 노래를 하는 것이 너무도 좋았다. 시간이 지나자 그 지휘자님이 나에게 성인으로 구성된 신학교 합창단에서 노래를 해 보라고 하셔서 보이 소프라노로 그 합창단에 들어갔다. 그리고 나는 매

번 채플에서 노래를 불렀다.

노래는 내 인생에서 말씀을 외우는 것을 통해 만난 일이다. 나는 노래로 인해 행복하다. 나는 그 후 아버지께 노래를 계속하여 하나님께 찬양을 바치는 사람이 되고 싶다고 말씀드렸다. 그 뒤로부터 나는 아버지에게 노래를 배우기 시작했고 여러 곳에서 아버지와 함께 연주를 하게 되었다. 올해 11월에는 모스크바의 한 콘서트홀에서 아버지와 연주하기로 되어 있다. 나는 언제 어디서나 주님께 찬양할 수 있다는 것이 마냥 행복하다.

그것이 나의 일이고 사명이다.

> "이 율법 책을 네 입에서 떠나지 말게 하며 주야로 그것을 묵상하여 그 안에 기록된 대로 다 지켜 행하라. 그리하면 네 길이 평탄하게 될 것이며 네가 형통하리라(수 1:8)."

이 말씀을 난 믿는다.

세상에는 나보다 노래를 잘하는 사람이 너무나도 많다. 하지만 내게는 하나님의 말씀이 있다. 그리고 매일 무릎 꿇을 수 있는 특권이 내게는 있다.

세상에서 유명한 사람이 되는 것이 내 꿈이 아니다.

크게 사용 받는 것이 내 소원이 아니다.

단지 내 꿈은 평생 그분의 말씀을 읽고 외우고 매일 읊조리며 그 말씀을 지켜 가는 일이다.

그리고 하나님의 말씀을 붙든 자로서 어디서나 그분을 찬양하며 그분을 깊이 예배하는 일이다.

이유는 그분이 나의 하나님이시기 때문이다.

"내가 산 자들의 땅에서 여호와의 선하심을 보게 될 줄 확실히 믿었도다. 너는 여호와를 기다릴지어다. 강하고 담대하며 여호와를 기다릴지어다(시 27:13-14)."

모세오경 영어로 통째 외우기

펴낸날 초판 1쇄 2010년 7월 5일

지은이 김다윗 · 김다니엘
펴낸이 심만수
펴낸곳 (주)살림출판사
출판등록 1989년 11월 1일 제9-210호

경기도 파주시 교하읍 문발리 파주출판도시 522-1
전화 031)955-1350 팩스 031)955-1355
기획 · 편집 031)955-4675
http://www.sallimbooks.com
book@sallimbooks.com

ISBN 978-89-522-1455-3 03230

※ 값은 뒤표지에 있습니다.
※ 잘못 만들어진 책은 구입하신 서점에서 바꾸어 드립니다.

책임편집 강영특